अंतस

जरा ठहरिए

लवकुश कुमार

Made with ♥ on the Notion Press Platform
www.notionpress.com

समर्पित उन सभी साहसी लोगों को जो सच्चाई का साथ देने और उसे अभिव्यक्त करने की जरूरत को सुविधा से ऊपर रखते हैं।

क्रम-सूची

क्रम-सूची

क्रम-सूची

क्रम-सूची

पढ़ने लिखने की संस्कृति पर

कुछ लिख के सो,
कुछ पढ़ के सो,
तू जिस जगह जागा सवेरे,
उस जगह से बढ़ के सो"

- कवि भवानी प्रसाद मिश्र

मैं न लिख पाऊँ एक अच्छी कविता
दुनिया एक इंच इधर से उधर नहीं होगी
गर मैं न जी पाऊँ कविता
दुनिया में अंधेरा कुछ और बढ़ जाएगा
इसलिए मेरी पहली कोशिश है
कि मरने न पाए मेरे भीतर की कविता।

- कवि महेश चन्द्र पुनेठा

ऊर्जा की संवाहक पुस्तक,
बने सबकी चाहत पुस्तक।
रे! हर्फ इसके तुम पढ़ जाना,
लुत्फ नया तुम एक उठाना।

- कवि रामप्रसाद शर्मा 'प्रसाद'

आवश्यकता

"कुछ जो जरूरी है आपमें साहस, संवेदना, उत्साह और आत्मविश्वास के संचार के लिए"

"धन्यवाद उन्हे जिन्होने इस योग्य समझा कि सामाजिक मुद्दों पर चर्चा की, जिसकी परिणति इस किताब के रूप में हुयी"

लेखक के बारे में

लवकुश कुमार भौतिकी में बनारस हिन्दू विश्वविद्यालय से स्नातक, भारतीय प्रौद्योगिकी संस्थान दिल्ली से परास्नातक हैं और वर्तमान में भारत सरकार के भारत मौसम विज्ञान विभाग में अपनी सेवाएँ दे रहे हैं।

जन्म- जुलाई 1995, लखीमपुर खीरी, उत्तर प्रदेश

लेखक, सरकारी सेवा मे आने से पहले chegg.com और toppr.com जैसी मंच के लिए विषय विशेषज्ञ के तौर पर काम कर चुके हैं और वर्तमान में, अपने रिक्त समय मे उत्कृष्टता, अध्ययन और विमर्श को प्रोत्साहित कर देश और समाज के उन्नयन में अपना बेहतर योगदान देने के निमित्त एक वेबसाइट चलाते हैं |(lovekushchetna.in या kumarchetna.in)

लेखक द्वारा माध्यमिक स्तर के छात्रों/छात्राओं के लिए भौतिकी से जुड़ी कुछ सामग्री भी वेबसाइट पर साझा की गयी है जो बहुत उपयोगी साबित होगी ऐसा लेखक का विश्वास है और इस विश्वास के साथ की अच्छा साहित्य समाज में मानवता के घटक, संवेदनशीलता, विचारशीलता, बंधुत्व और चेतना के उन्नयन में योगदान करता है ; साहित्यिक लेख, विचार और समीक्षाएं भी साझा की गयी हैं जो उनके पढ़ने की संस्कृति के विकास मे योगदान के एक विनम्र प्रयास के रूप मे देखी जा सकती हैं |

लेखक का विश्वास है कि सूचना के इस युग में समावेशी प्रकृति के और समाज में मानवता, उत्कृष्टता और बंधुत्व को प्रोत्साहित करने वाले विचारों पर ज्यादा से ज्यादा जोर देना जरुरी है, और जरूरी है विज्ञान और तकनीकी के साथ साहित्य और मानविकी के अन्य विषयों का अध्ययन ताकि हमारे युवाओं के मन मे दुनिया, जीवन और स्वयं को लेकर स्पष्टता और साहस हो और वह जीवन को एक उचित उद्देश्य देकर, संघर्षों मे भी डटकर जीवन को भरपूर जी सकें |

"बदलाव पर बात फिर बदलाव के लिए जरुरी कदम भी"

लेखक का विश्वास है की अगर ज्यादा से ज्यादा लोग अपने तरीके/ शैली में मानवीय मूल्यों पर बात करेंगे / लिखेंगे/ प्रोत्साहित तो समाज में संवेदनशीलता, विचारशीलता, बंधुत्व, करुणा और चेतना का विकास गति पाएगा |

संपर्क - lovekush@iitdalumni.com अथवा lovekushchetna@gmail.com

वेबसाइट - kumarchetna.in

यूट्यूब- kumarchetnapsw

अस्वीकरण

पुस्तक मे उल्लेखित विचार और राय लेखक के व्यक्तिगत विचार और राय हैं, इन्हे किसी भी संगठन या विभाग की राय न माना जाए |

रचनाओं का उद्देश्य पाठकों को स्पष्टता प्रदान करके उनके जीवन में शांति और साहस को बढ़ाना है, इसके लिए आज के जरूरी सवालों की तरफ ध्यान आकर्षित किया गया है, उतरोत्तर जिज्ञासा के लिए संबन्धित विषय पर उपलब्ध वृहद साहित्य का संदर्भ लिया जा सकता है| इन्हें तर्क और व्यवाहारिकता की कसौटी पर जरूर कसें, अपनाने से पहले क्योंकि "जीवन आपका, अंतिम ज़िम्मेदारी भी आपकी|"

पुस्तक में उपयुक्त स्केच, कृतिम बुद्धिमत्ता का इस्तेमाल करते हुये chatgpt.com से बनाए गए हैं|

प्रस्तावना

जो देखा और समझा लिख दिया, छठवीं कक्षा से बारहवीं तक दो कॉलेज मे पढ़ना हुआ, किताबों के साथ, शिक्षकों, साथियों और समाज को पढ़ा, उस निम्न माध्यम वर्गीय समाज मे पढ़ाई और अन्य चीजों की महत्ता को अपनी सीमित समझ मे समझा और उतरोत्तर समझ कुछ व्यापक होने पर उस समझ की समावेशिता का आंकलन किया और उसे सुधारा भी|

फिर एक साल कानपुर रहा, उस समय भारत के आई आई टी से इंजीनियरिंग करने की प्रवेश परीक्षा की तैयारी की, और इस क्रम में उस शैक्षिक माहौल, शिक्षकों और विद्यार्थियों के प्रयास को समझा| अलग अलग शहरों से आए एक से एक बेहतरीन विद्यार्थियों से मिलने और उन्हे कुछ सीमा तक समझने का मौका मिला|

इंजीनियरिंग प्रवेश परीक्षा से बेहतर रैंक, काशी हिन्दू विश्वविद्यालय (बीएचयू) की स्नातक प्रवेश परीक्षा मे आई (अखिल भारतीय रैंक - 46 सामान्य, वर्ष 2013) साथ में किफ़ायती शुल्क और समाज की बेहतर समझ हांसिल करने के लिए बढ़ते साहित्यिक रुझान ने का०हि०वि० के बीएससी (आनर्स) (PMK Batch- Physics, Maths & Computer Science) मे दाखिला दिलवा दिया| 2013-2016 के दौरान उक्त कोर्स के दौरान बनारस को समझा, आस पास के और भारत के अन्य स्थानों से आए अपने सहपाठियों की संगति कर उन्हे और उनके परिप्रेक्ष्य को समझने का मौका मिला, भारत और विश्व के उच्च संस्थानो से शिक्षा प्राप्त प्राध्यापकों से सीखने का मौका मिला|

का०हि०वि० के केन्द्रीय पुस्तकालय मे उपलब्ध वृहद साहित्य के छोटे से अंश का अध्ययन करने का समय जुटा पाया, कई शैक्षिक और सांस्कृतिक गतिविधियों मे शामिल होना हुआ, ग्रीष्मकालीन अवकाश मे कैम्पस के आस पास के क्षेत्रों मे निवास कर वहाँ की सामाजिक स्थितियों को समझने का अवसर मिला, इस तरह देखते, अवलोकन और अध्ययन करते विश्व के प्राचीनतम शहरों में से एक बनारस के तीन

साल पूरे हुये, इसी बीच लंबी बीमारी के चलते पिताजी का देहांत होना, इस शरीर, दुनिया, समाज और मानव मन के बारे मे काफी कुछ समझा गया |

वर्ष 2016 मे भारत के शीर्ष तकनीकी संस्थानों से एमएससी करने के लिए आयोजित आईआई टी जैम 2016 परीक्षा मे सम्मिलित हुआ और भौतिकी विषय मे अखिल भारतीय रैंक 75 (सामान्य) हासिल कर आई आई टी दिल्ली मे प्रवेश लिया, इस परीक्षा की तैयारी और आई आई टी दिल्ली में प्रवेश की यात्रा में आदरणीय डॉक्टर सुनील कुमार, प्रोफेसर बीके सिंह, प्रोफेसर आरडीएस यादव, सहपाठी सह मित्र अवनीश त्रिपाठी, स्व रवि यादव और गोविंद मौर्य जैसे भले और मददगार लोगों का साथ मिलना भी जीवन और मानवीय संबन्धों के बारे मे बहुत कुछ सीखा गया |

2016-18 के दौरान आई आई टी दिल्ली मे बिताए वक़्त के दौरान भी कुछ समझा देश के विभिन्न स्थानो से आए सहपाठियों के साथ, विश्व के अग्रणी संस्थानो से शिक्षित विद्वजनों के सानिध्य में और जाना बेहतर कार्य प्रणालियों के बार में|

और फिर 2019 मे भारत मौसम विज्ञान विभाग मे अपनी सेवाएँ देनी शुरू की, कोलकाता, पाक्योंग, गंगटोक (सिक्किम), पंतनगर (उत्तराखंड) और पिथौरागढ़ मे कार्य के दौरान तमाम तरह के लोगों से मिलना, उनके साथ काम करना, उनके और अपने काम को समझना, बहुत कुछ ऐसा दे गया जिसे लिखना मैं जरूरी समझता हूँ ताकि युवा साथी उसे पढ़कर अपनी समझ को विस्तार दे सकें और साहस एवं आत्म विश्वास भी ताकि एक प्रेम, गरिमा, उत्कृष्टता और स्वतन्त्रता से भरे स्वयं/समाज के निर्माण में अपना योगदान भी सुनिश्चित किया जा सके |

अब तक की यात्राओं में जो कुछ देखा और अपनी सीमित समझ मे समझ सका, उसी का एक हिस्सा है "अंतस" जो इस विश्वास के साथ लिखी गयी है कि पाठक इसे पढ़कर, थोड़ा ठहरकर अपने कार्यों, चुनाव और प्राथमिकताओं का आंकलन कर पाने मे सक्षम होंगे और अपने आस पास के समाज को और बेहतर कर लोगों के जीवन से तनाव कम

कर उसे शांति, गरिमा और आत्म निर्भरता से भर पाने मे कुछ योगदान दे पाएंगे, ऐसा करने का प्रयास जरूर ही उन्हे एक स्पष्ट और मजबूत इंसान बना उन्हे उधेड़बुन की दुनिया से निकाल देगा, ऐसा विश्वास है |

इस प्रयोजन हेतु सामाग्री पर निम्नलिखित कार्य किए गए हैं:

- महान विचारकों की उक्तियाँ जो आपकी दुनिया को लेकर समझ को विस्तार देंगी और वाद प्रतियोगिता एवं चर्चा मे उपयोगी साबित होंगी|
- कुछ कविताएं जो आपको संवेदित करेंगी और आपके कई प्रश्नों के जवाब देकर आपके मन को शांत कर सकती हैं|
- लगभग हर पाठ की शुरुआत और अंत एक महान विचारक के उस पाठ से संबन्धित विषय पर कथन के साथ|
- ऐसे विषयों का चुनाव जिन पर स्पष्टता से युवाओं को अपने भ्रमों और उधेद्बुन से राहत मिल सकती है और वो शांत मन से अपने कार्यों में मन लगा पाएँ और कोई भी निर्णय लेने में कम से कम वक़्त लगाना पड़े|

ये लेख आपको चर्चा और वाद प्रतियोगिता मे मदद कर सकते हैं और घटनाओं को देखने का एक वृहद नज़रिया दे सकते हैं, ऐसा मेरा विश्वास है |

"बदलाव शुरू होता है स्पष्टता से "

- स्वयं

लवकुश कुमार

मार्च 2026, पिथौरागढ़

उत्तराखंड, भारत

भूमिका

"चाहत है तो उस चाहत को पूरा करने के लिए माहौल बनाने पर भी काम करना होगा|"

हम सब चाहते हैं ऐसा समाज जिसमे

- लोग अपना काम बहुत अच्छे से कर रहे हों
- लोग अपने काम से काम रखते हों और एक दूसरे को परेशान न करते हों
- सड़कों पर लोग नियम से चल रहे हों, दुर्घटनाएँ कम से कम हों
- सभी अपना काम ईमानदारी से कर रहे हों
- लोग अपने वादों पर खरे उतरते हों
- लोग किसी को उसकी जाति, समुदाय, वंश, शारीरिक सुंदरता से न पहचान उसे उसके काम से पहचानते हों
- अपनी प्रतिभा का प्रदर्शन करने का अवसर सबको मिलता हो
- लोग नयी जगह भी सुरक्षित महसूस करते हों
- लोग एक दूसरे से सलीके से और प्रेम के साथ पेश आयें
- लोग अपने अधिकार के साथ अपने कर्तव्यों को भी समझें
- लोग अपनी स्वतन्त्रता का दुरुपयोग न करें
- लोग कमजोर पर हसने के बजाय उनके साथ करुणा का बर्ताव करें
- तकलीफ मे फंसे इंसान को यथासंभव मदद मिले नाकि लोग खड़े होकर बस वीडियो बनाएँ
- काम करने वाले को काम का श्रेय दें नकि चापलूसी करने वाले और बातें बनाने वालों को
- सबको उनके हिस्से का श्रेय और प्रतिष्ठा मिले
- हिंसा का स्थान न हो, लोगों को "न" कहने की आजादी हो
- स्वतन्त्रता हो जबरदस्ती नहीं, सबसे उनका पक्ष या अनुभव सुना

जाए

- साझा हितों के कार्यक्रमों मे सभी साझेदारों से उनकी राय जानी जाये और उसे उचित स्थान भी दिया जाए
- शिक्षकों का उचित सम्मान हो
- लोग एक दूसरे का आंकलन सतही बातों पर न करें
- अपराध कम से कम हों, मजबूत द्वारा कमजोर का शोषण न हो
- भेदभाव न हो, परिवारवाद न हो
- ज्यादा से ज्यादा लोगों में अपनी गलती स्वीकार करने का और ज़िम्मेदारी लेने का साहस हो इत्यादि

आइए इस पुस्तक के माध्यम से देखते हैं कि क्या दिक्कतें हैं कि कई जगहों पर ऐसा नहीं हो पा रहा और ठहरकर अवलोकन करें कि कहीं हम स्वयं ही तो अंजाने मे गलत उदाहरण पेश कर उस माहौल को बिगाड़ रहे हैं, जिसमे जरूरी मानवीय मूल्य फलते फूलते हैं |

"स्वयं मे झाँकने का प्रयास, प्रयास विरोधाभासों को पकड़ने का, अगर दिक्कत को हल करना है तो पहले उसे समझिए|"

मै ऊपर के किसी भी विषय का विशेषज्ञ नहीं हूँ, लेकिन जो कुछ सीखा और जाना इस बारे मे पढ़कर, सुनकर या विद्वजनों से चर्चा करके, या इस समाज मे रहकर उसे लिखना जरूरी समझ रहा हूँ ताकि पाठकों को स्पष्टता देने (उनके जीवन के निर्णयों के लिए) और उनके द्वारा अपने जीवन को एक सम्यक दिशा देने में सक्षम बनाने हेतु एक विनम्र योगदान दे सकूँ,

मै अपने प्रयास में कितना सफल रहा, यह आप सुधी पाठकों की प्रतिक्रिया से ही जान मिलेंगा, जरूर लिख भेजें

आपका

लवकुश कुमार

ईमेल - lovekush@iitdalumni.com

वेब - kumarCHETNA.in

संशोधित संस्करण पर कुछ बात

- समाज को संबोधित कोई लेख या पुस्तक लिखना ही काफी नहीं है, जरूरी है कि लिखे हुये को उन तक पहुंचाना जिनको यह संबोधित है| इसके लिए जरूरी है कि पाठक इनसे जुड़ाव महसूस करे और इन्हें अन्य लोगों तक पहुँचाने का माध्यम बने|
- बेहतरी की गुंजाइश हमेशा रहती है और साथ ही मेरा मानना है कि ससमय अभिव्यक्ति बहुत जरूरी है, बिना निपुणता हासिल करने का इंतज़ार किए, अतः जो भी त्रुटियाँ संज्ञान मे आयीं हैं, उन्हे सही कर दिया गया है, सुधार और बेहतर करने की प्रक्रिया अनवरत चलती रहेगी, इस संस्करण में कई स्थानों पर स्केच भी शामिल किए गए हैं|
- पढ़ने में एक लय बनी रहे इसके लिए एक जैसे लगने वाले पाठ एक जगह कर दिये गए हैं |
- कुछ बेहतरीन कविताएं और संदर्भ भी शामिल किए गए हैं|

उन सभी सुधी पाठकों और वरिष्ठ लेखकों को हृदय से धन्यवाद, जिन्होने पुस्तक की खूबी के साथ इसमे रह गयी कमियों पर भी स्नेह के साथ अवगत कराया, जिनकी बदौलत यह संस्करण इस रूप में आ पा रहा है|

इस आशा के साथ कि यह संस्करण पाठकों को रोचक लगेगा और स्पष्टता जनित साहस प्रदान करके उनके सफल जीवन के लिए अपनी भूमिका अदा करेगा, यह संस्करण पाठकों को अर्पित|

कुछ पाठकों ने पूछा कि मैंने "अंतस" को किस अर्थ में इस्तेमाल किया है, जवाब है कि "**हमारे अन्दर की आवाज, हमारा स्वभाव**" जो कि इस तथ्य से जुड़ा हुआ है कि जन्म से बचपन के शुरूआती वर्षों में हमारा जो स्वभाव होता है "**सहजता**" का वह बदलता जाता है समय के साथ जैसे-जैसे हम बाहरी आडम्बर, डर, लालच, मोह और पूर्वाग्रह ओढ़ लेते

हैं हम अपने ऊपर|

> *"आशा है कि इस पुस्तक की सामग्री के रूप में उठाये गए सवाल पाठकों को उनके सहज भाव के ऊपर डाली गयी इन चादरों से परिचित कराने में मदद करेगी|"*

आपकी प्रतिक्रिया का इंतज़ार रहेगा, जरूर लिखिएगा|

आपका

लवकुश कुमार

14 मई, 2026

पिथौरागढ़, उत्तराखंड

भारत

संपर्क - lovekush@iitdalumni.com

साहित्य से जुड़ाव तक

kumarCHETNA.in

जुड़ाव से स्थायित्व और सम्पन्नता तक

पावती (स्वीकृति)

उन लेखकों को सादर धन्यवाद जिनकी किताबें पढ़कर, लिखने की जरूरत समझी और लिख पाने मे खुद को सक्षम भी |

सबसे पहले डॉक्टर विजय अग्रवाल सर (शिक्षक, AFEIAS के संस्थापक और पूर्व आई ए एस) जिनकी कई सारी किताबें पढ़कर स्पष्टता और समझ हासिल की और साथ ही भाषा मे सहजता भी| आचार्य प्रशांत (वेदान्त शिक्षक, उम्दा चिंतक और दार्शनिक) जिनको सुनने और पढ़ने ने स्वयं को देखने और समझने की एक समावेशी और आलोचनात्मक दृष्टि दी| आदरणीय उदय सिंह सर जिन्होने गायत्री पीठ के वृहद आध्यात्मिक साहित्य से परिचय कराया|

विनम् आभार, मित्रों में एक हिमांशु गुप्ता जी का जिन्होने सहर्ष, कम से कम समय मे वेबसाइट बनाकर मुझे सक्षम किया अपने लेख ऑनलाइन अपलोड कर आसानी से साझा करने में और उनके संकलन में भी|

आदित्य भाई, शुभांशु भाई, देवेश्वर भाई, जेपी भाई, हेम भाई, दीपक भाई, सरोज भाई, विशाल भाई, विनोद भैया, सुनील भैया, मनोज भैया,वरुण भाई, हरीश सर, सक्सेना सर, अमित दाजू, अंकित जैन सर, दिनेश मौर्य सर, विप्लव भट्ट सर के प्रति भी विनम्र आभार जिन्होने मेरे लिखते रहने को प्रोत्साहित किया |

यहाँ तक की यात्रा मे तमाम लोगों का योगदान रहा, उनका भी जिन्हे मै प्रत्यक्ष रूप से नहीं जानता, सबका नाम तो याद नहीं लेकिन जो साथी हाल फिल हाल की यात्रा मे साथ हैं उनका नाम विनम्रता पूर्वक लिख रहा हूँ और अन्य साथियों के प्रति अपनी कृतज्ञता इन शब्दों में व्यक्त कर रहा हूँ कि "आपका योगदान उस धरती की उर्वरा शक्ति की तरह है जिसमे एक के बाद एक फसल और फूल आते रहते हैं"

वेबसाइट को अपनी कविताओं और लेखों से एक अलग रंग और विस्तार देने वाली सौम्या गुप्ता जी का भी आभार और धन्यवाद, जिन्होने वेबसाइट पर एक अतिथि लेखिका/कवयित्री के रूप में कई

रचनाओं से साहित्यिक योगदान दिया और मेरे लेखों पर सार्थक चर्चा/ टिप्पणी कर उन्हे समावेशी बनाया तथा उनके अनुभव और टिप्पणियों ने लेखन को और बेहतर किया, उनका वेबसाइट से जुड़ना एक प्रेरणा रहा कि मैं अन्य वरिष्ठ लेखकों से साहित्यिक योगदान के लिए आग्रह कर उनसे वेबसाइट के लिए साहित्यिक योगदान सुनिश्चित करवा पाया और इस प्रक्रिया में खुद की लेखनी के लिए बेहतर दृष्टि पा सका |

मेरी पत्नी आरती का आभार, जिन्होने न केवल इन विषयों पर चर्चा मे मेरा साथ निभाकर मेरी दृष्टि को विस्तार दिया साथ ही सहर्ष मेरे साहित्यिक कार्यों मे संलग्नता को देखते हुये जरूरी ज़िम्मेदारियों को अपने हांथ मे लिया, बेटे पार्थ के हिस्से का समय लेखन मे जा रहा ताकि उसे एक बेहतर माहौल मिल सके, जिसमे लोग विचारों और मानवीय मूल्य पर बात करते हों, माता जी और छोटे भाई अभिषेक, शोभित, धीरेंद्र, वीरेंद्र, शिव, अंकित, नीरज और सुरेन्द्र तथा बहन आरती को भी स्नेह कि मेरे कार्य की आवश्यकता को समझते हुये मुझे समयगत अपेक्षाओं में सहूलियत और सहयोग दिया और समय-समय पर टिप्पणी कर लेखन को समृद्ध करने मे योगदान भी|

बड़े भाईयों, अजय दादा, मिथिलेश दादा, कुलदीप दादा,चाचा जी, ताऊजी और मामाजी लोगों का तहेदिल से शुक्रिया कि पारिवारिक कार्यों को देखकर, पिताजी की बीमारी के वक़्त जो साथ दिया, जिससे मेरी पढ़ाई छूटने से बच गयी और मै आज यहाँ तक आ सका हूँ और आगे बढ़ रहा हूँ, उनका योगदान मेरे बने रहने मे उल्लेखनीय और न भूलने वाला है |

मेरी आदरणीय माता जी को सम्मान कि मुझे अपेक्षाओं के अतिरेक से आजाद रखा, नमन |

उन सभी उदारजनों को सादर धन्यवाद जिन्होने मुझे अपनी बात रखने के लिए मंच दिया, मोहित भैया, प्रमोद पी० सर, महेश चन्द्र पुनेठा सर, पहाड़ी वोकल्स के युवा, अजीम प्रेमजी फ़ाउंडेशन पिथौरागढ़ के पुस्तकालय मे कार्यरत सभी स्टाफ, और उनसे मिला प्रोत्साहन, प्रकाशन कार्यों के लिए जरूरी कदम उठाने मे प्रेरित करने वाला रहा|

कार्यालय के साथी जिन्होने खुशनुमा माहौल दिया जिसके चलते रचनात्मकता को बल मिला, दिमाग़ समाज को दे सकने के बारे में सोच सका, आदरणीय हरीश चन्द्र सर, सक्सेना सर, दीगारी मैम, संदीप यादव सर, राजेश भट्ट सर, सुनील वर्मा सर, वरुण भाई, मोहन भाई, अधिकारी सर, नीरज मैम, पंकज सर, दीपक भाई, धर्मेंद्र भाई, नवल भाई, मोहित भाई, पूरन चन्द्र भट्ट जी, अमित दाजू, सुंदर भाई, कापड़ी जी, ममता मैम और सिमरन आप सबने माहौल को खुशनुमा रखने मे जो योगदान दिया है वह प्रेरणादायक है |

उन दोस्तों को भी धन्यवाद जिनसे समय समय पर सामाजिक मुद्दों पर चर्चा हुयी, जिनमे कुछ नाम सबसे पहले याद आते हैं, उमेश चौरसिया, सर्वेश राज सिंह, सिद्धार्थ यादव, आराधना गुप्ता, अवनीश त्रिपाठी, जितेंद्र कुमार, विशाल पटेल |

मेरे विभाग से आदरणीय सरिता जोशी मैम का भी आभारी हूँ जिन्होने राजभाषा हिन्दी के प्रगतिशील प्रयोग के लिए हमेशा प्रोत्साहित किया और यह प्रोत्साहन हिन्दी लेखन मे बेहतरी को सुनिश्चित कर सका, और साथ ही प्रादेशिक मौसम केंद्र दिल्ली में वैज्ञानिक अधिकारी आदरणीय डीडी आर्या सर और मौसम केंद्र देहारादून के निदेशक आदरणीय सी एस तोमर सर का आभार कि विभाग में रचनात्मक कार्यों को प्रोत्साहन मिला और मौसम केंद्र देहरादून से ही आदरणीय अनुज जायसवाल सर का आभार कि उन्होने लिखने और उसे प्रकाशित करने के लिए हमेशा प्रोत्साहित किया|

मेरे बीएचयू के वक्त के साथी, दोस्त और समर्थक स्मृतिशेष रवि भाई का योगदान इस बारे मे खास रहा कि जब मै अपने जीवन की पहली पब्लिक स्पीच, जूनियर्स की फ्रेशर पार्टी मे देने का विचार कर रहा था, तब उनका और सूर्या भाई का समर्थन मिला कि किसी भी हालत में मेरी स्पीच जरूर शामिल हो कार्यक्रम में, वो एक शुरुआत थी, जैसे एक नीव होती है भवन से पहले| बीएचयू के वक़्त के साथी जिन्होने लिखते रखने के लिए प्रोत्साहित किया उनमे अरुण भैया, अमर भाई (कर्ण भाई जी), राहुल यादव भाई, राहुल सिंह भाई, और जितेंद्र भाई, ऋषि चंद भैया का आभार कि उन्होने सही वक़्त पर प्रशंसा करके एक बीज की संभावना को

बचा लिया कि वह पौधा बन सके|

बीएचयू के ही जूनियर अरविन्द भाई का समय-समय पर युवाओं और किशोरों की दिक्कतों पर बात करना भी एक महत्वपूर्ण कारक रहा कि यह पुस्तक इतनी जल्दी मूर्त रूप ले सकी|

मेरी अकादमिक यात्रा में आदरणीय डॉ अनिल वर्मा सर का समय-समय पर अपनी गहरी और अनुभवी सलाह प्रदान करना मुझे स्पष्टता देने वाला एक जरूरी घटक रहा और साथ ही डॉ संतोष यादव सर (गोविन्द बल्लभ पन्त कृषि विज्ञान एवं तकनीकी विश्वविद्यालय, पंतनगर) द्वारा मिले प्रोत्साहन का भी इस यात्रा में अहम योगदान रहा |

पिथौरागढ़ कार्यकाल के दौरान जिन सुधीजनों का सहयोग और प्रोत्साहन मिला साहित्यिक लेखन में, उनमें आदरणीय अशोक पंत सर,आदरणीय भुवन चन्द्र धारियाल अंकल, आदरणीय महेश पुनेठा सर, विप्लव भट्ट सर, गिरीश पाठक सर, दीपक कुमार सर और विनीता भट्ट मैम का नाम उल्लेखनीय है |

साहित्य की तरफ रुझान बचपन से रहा लेकिन तकनीकी क्षेत्र में होने के बावजूद यदि मै साहित्य के संपर्क मे रह पाया तो उसमे सामाजिक घटनाओं, मेरी जिज्ञासा के साथ मेरे कुछ दोस्तों का साथ रहा, जो बेहतरीन किताबों और फिल्मों के बारे में बात करते रहे , उनमे शुभांशु भाई का नाम शुरुआत से ही जुड़ा है|

पुस्तक के लिए सहर्ष अपनी रचनाएँ/सामाग्री उपलब्ध कराने के लिए, आदरणीय महेश चन्द्र पुनेठा सर, आदरणीय आशुतोष उपाध्याय सर, आदरणीय डॉ विजय अग्रवाल सर, प्रिय विशाल दा, सौम्या जी, शीतल जी एवं प्रिय प्रिया बिटिया का आत्मीय आभार|

एक बार पुनः विनम्र आभार आप सभी का , जीवन के इस सफर मे साथ के लिए |

साहित्य और मानविकी अत्यंत जरूरी(एक कविता)

इस बात के समर्थन में मेरे द्वारा रचित एक कविता प्रस्तुत है :

मानव हो, न मानविकी से दूर रहो
पढ़ो तुम विज्ञान, लेकिन समझना समाज को भी
ताकि कर सको आविष्कार,
समाज के स्थायित्व के लिए |
है जरूरी गणित,
आदान-प्रदान और विज्ञान तथा आकाश में यात्राओं के लिए,
लेकिन पढ़ो तुम साहित्य भी,
ताकि हर यात्रा को एक उचित उद्देश्य दे सको
मानव हो, न मानविकी से दूर रहो |
पढ़ो तुम सांख्यिकी और जुटाओ आकड़ें,
इंसान की व्यवस्था और दिक्कतों को समझकर
इसे अध्ययन और समरसता के प्रसार में भी लगाया जा सकता है,
और समझ लेना इस बात को भी कि भोगने से शांति नहीं मिलती
शांति मिलती है, चाहत के मिटने से,
व्यापार करना सामान का, ना कि विश्वास, असुरक्षा और दिखावे का
मानव हो, न मानविकी से दूर रहना |
तुम जरूर समझना कि आकाश नीला क्यों होता है,
और कैसे होता है चंद्रग्रहण और सूर्यग्रहण,
लेकिन मत चूकना तुम यह समझने से कि इंसान कैसे सोचता है,
कैसे व्यवहार करता है, और कैसे करता है खुद की अभिव्यक्ति,
क्योंकि ये जाने बिना तुम अपने विज्ञान का एक सीमित उपयोग
ही कर पाओगे, इंसान की मदद करने में
लोगों ने अपनी जीवन को निचोड़ा है साहित्य कोश को समृद्ध करने को,
ताकि न चूकें हम विभिन्न संस्कृतियों को समझने,

आलोचनात्मक रूप से सोचने और मानवीय अनुभवों
यथा सुख-दुःख, प्रेम-घृणा की गहरी समझ विकसित करने में,
इसीलिए आओ जरा संग करो उनका भी,
जो अब नहीं हैं हमारे बीच, लेकिन उनकी लेखनी है मौजूद,
लगता है अच्छा किसी का साथ और बातें तो! किताबों की खिड़की में भी झाँकों,
इसमें भी है एक साथी जिससे आप कह सकती हैं कि,
आपसे मिलकर, आपको पढ़कर अच्छा लगा,
और इस तरह तय करना एक रास्ता,
एक संवेदनशील, करुण और साहसी इंसान बनने का,
मानव हो, न मानविकी से दूर रहना |

-लवकुश कुमार

पुस्तक साथियों, विशाल दा, सौम्या जी, शीतल जी और प्रिया जी द्वारा साहित्य अध्ययन के लिए कुछ पुस्तकों के नाम, एक सूची में सुझाए गए हैं, इस पुस्तक के अंत में|

1

शरीर नहीं, कार्य से हो आंकलन और उससे भी पहले मिले मानव होने की गरिमा को महत्व

"“मनुष्य का मूल्य उसके शब्दों से नहीं, उसके कार्यों से आँका जाता है।”
— महात्मा गांधी"

हम एक दूसरे को चेहरे और फिर शरीर से पहचानते हैं, लेकिन हमारी पहचान केवल शरीर तक ही क्यों सीमित है?, शरीर और चेहरा तो बाहरी पहचान हैं, असली पहचान तो चेतना या हमारी समझ है।

हमारी बातें, तरीका और जीवन मूल्य भी हमारी पहचान हैं जो मुख्यतया हमारी चेतना से जुड़ी हुयी हैं।

समाज मे किसी का पद भी मुख्यतया उसकी चेतना से ही निर्धारित होती हैं, फिर भी कुछ लोग प्रथम आंकलन या राय बनाना शरीर से ही करते हैं और अन्य बाहरी या सतही चीजों से करते हैं|

इस मामले मे जहां तक मेरा अनुभव और समझ है हमे कुछ आंतरिक गुणों पर ध्यान देना चाहिए प्रमुख रूप से इंसान के जीवन में सत्य और श्रम का महत्व, उसके जीवन का केंद्र यथा भोग या मुक्ति (डर, लालच और मोह से मुक्ति) |

दुनिया का स्थायित्व और सुनिश्चितता मिलती है ज़िम्मेदारी से काम करने वाले और सच का साथ देने वाले लोगों से, फिर लोगों का आंकलन भी पहले चेतना के आधार पर हो और बाद मे शरीर के आधार पर, बशर्ते उस काम की जरूरत केवल शरीर तक सीमित न हो |

"मनुष्य की पहचान उसके कर्मों से होती है।"

— स्वामी विवेकानन्द

महादेवी वर्मा, साहित्यकार

2

हमारे आदर्श और युवा

““यदि तुम्हें अपने जीवन में आदर्श चाहिए, तो महान व्यक्तियों के जीवन को पढ़ो।”
— डॉ. सर्वपल्ली राधाकृष्णन”

यदि कभी आपको लगे कि समाज गलत दिशा मे जा रहा है, तो मुझे लगता है कि अब समय आ गया है कि हमे अपने आदर्श बदलने चाहिए :

हमारे युवा और बच्चे उन लोगों की तरफ ही बढ़ेंगे जिनके बारे में बातें सुनेंगे

अगर आपके घर-समाज मे केवल फिल्मों की बातें हो रही तो उनका रुझान फिल्मों की तरफ

“अगर आस-पास नफरत और हिंसा की बातें और तस्वीरें तो उन पर वैसा ही असर होगा”

यदि आपके घर और समाज मे उत्कृष्ट साहित्य पर बात होगी तो बच्चों का रुझान उधर होगा

यदि आपके घर मे हर वक़्त, ज्यादा से ज्यादा पैसा कमाने की बातें होंगी तो बच्चों की दिलचस्पी पैसे में बढ़ेगी

"यदि आप किसी कविता की खूबसूरती और गहराई पर बात करेंगे तो बच्चों मे भी वैसी ही दृष्टि आएगी"

यदि आपके घर हर महीने एक बाल पत्रिका आ रही, जिसमे विज्ञान और साहित्य के लेख हों तो बच्चों का रुझान उधर होगा

अगर आप अपने घर में देश-दुनिया के महान लोगों के जीवन और सत्य की स्थापना के लिए उनके संघर्ष पर बातें होती हैं तो आपके बच्चे सत्य के महत्व को समझेंगे

यदि आपके घर मे केवल भोग की बातें या दूसरों से प्रशंसा पाने के लिए तरह-तरह के दिखावे और खर्चे हो रहे या बाहरी प्रदर्शन करके लोगों का ध्यान खींचने का माहौल होगा आस-पास तो बच्चे भी प्रशंसकों की भीड़ जुटाने मे ही समय और संसाधन देंगे

अगर आपके आस-पास रचनात्मक कार्य करने वालों को तारीफ मिल रही तो बच्चे भी उधर बढ़ेंगे

अगर आप स्वीकार करते हैं कि दुनिया *हम सबसे* खूबसूरत है और आप सबके जीवन मे समृद्धि की कामना लेकर चलते हैं तो आपके बच्चे भी किसी से नफरत नही कर पाएंगे

मोटी-मोटी बात करें तो बात कुछ इस प्रकार है कि

"आप किनको पैसा देकर मजबूत कर रहे, किनको जन समर्थन दे रहे, किनके बारे मे बात कर रहे, किस तरह का काम करने वाली कंपनी मे अपना पैसा लगा रहे, किस तरह के लोगों का आदर और सम्मान कर रहे, इससे ही निर्धारित हो जाता है कि बच्चे किसको आदर्श मानेंगे और कैसा बनना चाहेंगे।"

एक उपाय बाहर के प्रभाव को न्यूट्रल करने का, वह है अपने घर मे अपनी क्षमता मे एक पुस्तकालय का निर्माण करना जिसमे देश दुनिया का उत्कृष्ट साहित्य हो और हो जीवनियाँ दुनिया के महान लोगों की जिन्होने आजादी और गरिमा के लिए जीवन भर संघर्ष किया, और दुनिया को एक बेहतर जगह बनाया, अपने जीवन मे उत्कृष्ट कार्य करके आनंद प्राप्त किया, ईमानदारी, बहादुरी और करुणा का जीवन जिया, ताकि बच्चों का जीवन के लिए सही आदर्श मिल सकें |

"नौजवानों को केवल शक्ति ही नहीं, बल्कि सही दिशा भी चाहिए।"

— भगत सिंह

एम विश्वेश्वरैया, महान अभियंता

3

अभिव्यक्ति के लिए माहौल

“"असहमति से असुरक्षा की भावना पैदा होती है, लेकिन इसे व्यक्त करना जरूरी, ताकि इस पर बात हो सके और एकमत होने की संभावनाओं पर विचार भी।"”

किसी काम को करने मे कितनी सहजता होगी यह इस बात पर निर्भर करता है कि काम करने वाला व्यक्ति किस हद तक उस काम के पीछे के तर्क से सहमत है, यदि कोई असहमति है तो असहजता भी होगी और उसका प्रतिकूल प्रभाव कार्य की गुणवत्ता पर पड़ेगा, इसीलिए जरूरी है कि हम उस इंसान की असहमति, दिक्कतों को सुनें, उसे अपनी बात, दृष्टि, समझ और मत को अभिव्यक्त करने के लिए प्रोत्साहित करें, और जब वह अपनी बात रख रहा हो तो उसे बिना बीच मे टोंके, उसकी पूरी बात सुने और जहां पर आप असहमत हों वहाँ विनम्रतापूर्वक उस असहमति को दर्ज करें और सामने वाले व्यक्ति से अपनी बात फिर से समझाने का आग्रह करें और स्वयं भी उसकी बातों को उसकी पृष्ठभूमि से जोड़कर समझने का प्रयास करें, खुद को उसकी जगह रखकर सोंचे।

अभिव्यक्ति का माहौल तब ही बनता है जब हम सामने वाले इंसान की बातों को इत्मीनान से सुनें और बिना किसी पूर्वाग्रह के उसकी भावनाओं की कद्र करते हुये, उस इंसान पर बिना कोई लेबल लगाए, बात की जड़ मे जाकर उससे अपनेपन के साथ बात करते हैं |

असहमति से असुरक्षा की भावना पैदा होती है अतः इस पर बात करें और इस बात का ध्यान रखें कि दो लोग साथ क्यों हैं, माने वो साझा हित क्या हैं या फिर जिन बिन्दुओं पर पहले ही सहमति है उनका महत्व क्या है आपके जीवन में, इस तरह **असहमतियों पर बात करना सहज होगा**|

एक बात और जोड़ना चाहूँगा कि अगर हमे किसी का सहयोग चाहिए तो उसकी बात और नजरिए को भी उचित स्थान देना जरूरी है, यदि हमने उसकी बात को सिरे से नकार दिया तब तो उसे यही लगेगा कि वो उस काम मे हितधारक ही नहीं, इसीलिए चर्चा जरूरी है

और जब सारे संशय दूर होते हैं तो कार्य हो या उस इंसान का साथ, हमे पूरा मिलता है और इससे जन्म होता है सुरक्षा की भावना का|

"जहाँ सम्मान होता है, वहाँ विश्वास भी जन्म लेता है।"

— महात्मा गांधी

सुनें भी और समझने का प्रयास भी करें|

4

कार्य को व्यवहार से ऊपर रखना

"“नम्र व्यवहार और ईमानदार कार्य किसी भी व्यक्ति को सम्मान दिलाते हैं।”
— डेल कार्नेगी"

लोगों से बात करते वक़्त आपको सुनने को मिल सकता है कि "मैंने काम खूब किया लेकिन श्रेय नहीं मिला, श्रेय तो अमुक इंसान को मिल गया क्योंकि वो अमुक, साहब/रिश्तेदार की हाँ मे हाँ मिलाते रहता हैं उनका मनोरंजन किया करता है!

आइए कुछ चीजों पर गौर करते हैं: यदि इसे पिछले अध्याय से जोड़ें तो हम पाएंगे कि जब इंसान कर्म को उचित स्थान नही देता अपने जीवन मे, तो वह कर्म करने वाले को कैसे उसका श्रेय दे सकता है ? दूसरा अगर कोई इंसान चापलूसी पसंद है, उसे हर वक्त अपने आस पास चापलूसों की भीड़ चाहिए हो जो उसके अहम को पुष्ट कर उसका मनोरंजन कर सकें, फिर ऐसे इंसान के लिए अपने चापलूसों को नाराज कर पाना संभव नही हो पाता, क्योंकि वह उनकी अनुपस्थिति मे खुद को महत्वहीन और अकेला महसूस करता है, इसीलिए वह इस भावनात्मक

दबाव कि कहीं वह अकेला न पड़ जाए, किसी के कार्य का श्रेय किसी और को दे देता है |

> *"एक और कारण हो सकता है कि कार्य की गुणवत्ता का आंकलन कर पाने कि क्षमता का न होना, नतीजतन ऐसे लोग व्यवहार के आधार पर लोगों का मूल्यांकन करते हैं और यह भूल जाते हैं कि जो इंसान खूब काम करता हो, उसके लिए अपने व्यवहार को संयत रख पाना या मीठी मीठी बातें करना अपेक्षाकृत मुश्किल होता है, उन लोगों की अपेक्षा जिनकी दिनचर्या का अधिकतम वक़्त ही मन बहलाने वाली और टाइम पास बातें करना होता है|"*

अगर इसकी तह तक जाएँ तो मेरे ध्यान मे दो बातें आती हैं पहला कि कार्य को और उसकी गुणवत्ता को जीवन मे उचित स्थान मिले और दूसरा "**कार्य पहले और व्यवहार बाद में का उसूल** ", आपके पास कोई और उपाय हो तो लिख भेजें |

"काम स्वयं मे पुरस्कार है, नकि पुरस्कार पाने का रास्ता "

\- डॉ विजय अग्रवाल

अपने बेहतरीन काम के लिए पहचाने जाने वाले अधिकारी रहे।

5

आपसी सम्मान की नींव

""जहाँ आपसी सम्मान होता है, वहाँ विश्वास स्वतः जन्म लेता है।"
— राल्फ वाल्डो इमर्सन"

"एक सम्मानजनक माहौल हमारे अंदर ज़िम्मेदारी का भाव पैदा कर सकता है, वहीं एक अपमानजनक माहौल वितृष्णा का भाव "

हम सभी चाहते हैं सम्मान, लेकिन हर कोई एक इंसान की गरिमा को समझते हुए हर किसी का सम्मान नहीं करता और माहौल से प्रेम और प्रोत्साहन कम हो जाता है|

आइए कुछ पड़ताल करने का प्रयास करते हैं :

अमूमन हमारा सम्मान वहीं होता है जहां के लिए हमारा कोई महत्व होता है, दूसरे शब्दों मे कहा जाये तो वही लोग सम्मान करते हैं जिनको हमसे कोई काम निकालना होता है और तब तक ही जब तक काम पूरा न हो जाए, हर कोई ऐसा नहीं करता लेकिन ऐसे लोगों कि संख्या कम नही है|

सम्मान, आदर और गरिमा मे थोड़ा अंतर है, सम्मान मे बात को सुनकर उसको उचित महत्व/मान्यता देना शामिल होता है, यह एक बाहरी कृत्य है, जबकि आदर मे पद, उम्र और अनुभव को तरजीह देना शामिल होता है|

गरिमा - यह आत्म-मूल्य (Self-worth) से जुड़ा है। यह व्यक्ति का वह आंतरिक गुण है जो उन्हें सम्मान के योग्य बनाता है, माने सबकी गरिमा होती है हमे उसका सम्मान करना चाहिए, सबके होने के कुछ मायने हैं, उनके अधिकार और भावनाएं होती हैं |

आपसी सम्मान जरूरी है क्योंकि सम्मान पद से जुड़ा होता है, इंसान का सम्मान करना उसके पद का सम्मान है, अतः ये ज़िम्मेदारी की भावना जागता है, इससे वह इंसान अपने काम को और अच्छे से करने को प्रेरित हो सकता है जो आपको सीधे भले ही न लाभ दे, लेकिन किसी और को लाभ होगा और सबसे बड़ी बात, एक जिम्मेदारी से कार्य करता इंसान समाज के लिए मिसाल होता है जिस समाज मे आप रहते हो|

इसीलिए हर वह इंसान सम्मान के योग्य है जो अपना कार्य ज़िम्मेदारी और ईमानदारी से कर रहा है भले ही आपको उससे कोई व्यक्तिगत फायदा न हो, इसकी परिणति ऐसे होती है कि सम्मान की चाह में अन्य लोग भी ज़िम्मेदारी से अपना काम करने को प्रेरित होते हैं |

हालांकि काम करने वाले के लिए विनम्र सलाह है कि पहला तो सम्मान की भूख नहीं पालनी, आपको खुद मे ये बात स्पष्ट रूप से पता होनी चाहिए कि आप जो भी काम करते हैं, उसका पुरस्कार उसे करते वक़्त मिलने वाला आनंद है| किसी भी काम को किसी भौतिक पुरस्कार या सम्मान के लिए मत करिए नहीं तो काम मे वो बात न आएगी जो अन्यथा आनी चाहिए क्योंकि फिर ध्यान तो सम्मान पाने की शर्तों और सम्मान देने वाले की पसंद न पसंद पर चला जाएगा | और दूसरी बात, स्वयं आप खुद का सम्मान करें कि आपने ज़िम्मेदारी से अपना कार्य करके एक अच्छी मिसाल पेश की है |

सम्मान पाने की भूख जितनी कम होगी, मन उतना शांत और तनावमुक्त होगा जिससे काम पर पूरा ध्यान लगेगा और उससे मिलने

वाला आनंद आपको प्राप्त होगा |

हाँ यदि कहीं आपकी गरिमा कि परवाह नहीं हो तो अपनी बात रखें और गरिमापूर्ण माहौल के लिए जरूरी कदम उठाने के लिए अपनी मांग रखें |

"सम्मान का अर्थ है दूसरे के अस्तित्व और विचारों को स्वीकार करना।"

— रवीन्द्रनाथ ठाकुर

6

कार्य को सम्मान और जरूरी श्रेय

"“काम की उत्कृष्टता इस बात पर निर्भर करती है कि उसे किस भावना से किया गया है।”
— स्वामी विवेकानंद"

हम अक्सर बात करते हैं कि फलां इंसान अच्छे से काम नही करता, मेरा ये काम बिगड़ गया, एक दिक्कत तो आपमे से कई लोगों ने नोटिस की होगी, आधार कार्ड/वोटर आई डी कार्ड में नाम की स्पेलिंग या वर्तनी में गलती, अब तो काफी हद तक सुधार हो गया, जबकी ये दस्तावेज़ किसी अन्य दस्तावेज़ के आधार पर बनाए जाते हैं फिर भी गलती, आखिर क्यों ?

"एक कारण जो मुझे दिखता है, जल्दबाज़ी का होना और काम में उत्कृष्टता की चाह न होना, काम चलाऊ तरीके से कार्य करने की प्रवृत्ति और गैर ज़िम्मेदारी एवं सामने वाले की असुविधा की परवाह न करना।"

इस तरह की लापरवाही आपको कई जगहों पर दिखती है, उपभोक्ता अगर चूक जाए तो नुकसान हो जाए, अपनी सुरक्षा अपने हाथ वाली बात आ जाती है, लापरवाही इस कदर है कि छोटी छोटी बातों पर ध्यान देने को बोलना पड़ता है, कई-कई बार दवाई देने वाला बताना भूल जाता है कि अमुक दवा उल्टी न आने की है, इसे सबसे पहले खाना फिर अन्य दवाइयाँ|

भवन निर्माण हो या नाली निर्माण या अन्य बड़े निर्माण आए दिन लापरवाही की बातें सुनने को मिलती है, जान और माल का नुकसान भी|

एक वाकया याद आता है, एक बार लालकुआं की एक प्रिंटिंग प्रैस मे एक मुहर बनाने का ऑर्डर दिया और पेमेंट किया, जब मुहर लेने पहुंचा तो उसका फॉन्ट साइज़ बहुत कम, मैंने आपत्ति जताई तो दुकानदार ने कहा कि आपने पहले साइज़ नही बताया !

मैंने क्रॉस क्वेस्चन किया कि भाई, आपका तो ये रोज का काम है, आपने एडवांस लेते वक़्त क्यों नहीं पूछा ?

आइए प्रयास करते हैं, इस प्रवृत्ति की तह तक जाने का :

कहा गया है कि कार्य का पुरस्कार उसको करते वक़्त मिलने वाले आनंद मे होता है, लेकिन क्या हो अगर कार्य करने वाला कार्य बेमन से कर रहा हो और आनंद कहीं और ढूंढ रहा हो या कार्य केवल पैसे कमाने के लिए कर रहा हो, ऐसी स्थिति मे यही होगा कि ऐसा इंसान कार्य कि गुणवत्ता के बजाय कार्य की मात्रा पर ध्यान देगा, दूसरा कि वो काम मे आनंद नहीं तलाशने से वह उसको जल्दी खत्म करना चाहेगा और नतीजा आपके सामने है |

> *"दूसरा बिन्दु है संवेदनशीलता का, जब इंसान समझता है कि उसके काम की एक गलती सामने वाली को असुविधा मे डाल सकती है, तब वह ज़िम्मेदारी से कार्य करता है और गलती होने कि संभावना निम्नतम हो जाती है | "*

एक बात तो साफ हो गयी कि "संवेदनशीलता इंसान को जिम्मेदार बनाती है", और सही भी है, जो इंसान वाकई अपना भला चाहता है वह

अपने आस पास वालों का भी भला चाहेगा, उदाहरण के लिए यदि कोई हवा को प्रदूषित करता है तो वह प्रदूषित हवा एक दिन उसे भी प्रभावित करेगी| ऐसे ही यदि हम अपने कार्य से कोई गलत उदाहरण पेश करते हैं तो वह गलत उदाहरण आने वाले समय मे हमारे लिए भी दिक्कत बन सकता है |

मुझे अपने कार्य पर गर्व है|

7

ईमानदारी की रक्षा

"“जो व्यक्ति अपने आप से ईमानदार है, वह दुनिया से भी ईमानदार रहेगा।”
शेक्सपियर"

हम ज्यादातर हालातों में इस काबिल जरूर होते हैं कि अपने से किसी कमजोर की मदद कर सकें, और इससे जो आनंद और गर्व की अनुभूति होती है वो अप्रतिम होती है।

हम कई बार शिकायत करते हैं कि हमें दुनिया से यह नहीं मिला, वह नहीं मिला लेकिन क्या साथ में हम यह भी सोचते हैं कि क्या हम अपने से छोटों या less privileged लोगों के लिए कुछ करके एक मिशाल पेश कर रहे हैं?

हम समाज में सच्चाई, ईमानदारी और भलमानसानियत की उम्मीद करते हैं, क्या आपको पता है कि इनकी रक्षा करनी होती है, इन्हें संरक्षण देना होता है तब ही ये मजबूत होकर दूसरों की रक्षा के लायक बन पाते हैं।

"इसीलिए मेरा मेरे सुधी पाठकों से आग्रह है, जब भी अवसर मिले, ऐसे प्रयास करें कि सत्य की रक्षा हो और ईमानदारी

को संरक्षण मिले।"

आज अगर आपके पास संसाधन हैं, ताकत है तो उससे ईमानदारी को बल दें, अपने काम से प्यार करने वालों को प्रोत्साहित करने में लगाएं ताकि कल जब बूढ़े हों तब ये न कहना पड़े कि काम से प्यार करने वाले और ईमानदार लोग इतने कम क्यों हैं ? जब तक आपके पास ताकत है उससे सही चीजों को संरक्षण दें, उन्हें बल दें।

"ईमानदारी की रक्षा करना ही सच्चा साहस है।"

- रबिन्द्रनाथ टैगोर

टीएन शेशन- पूर्व मुख्य चुनाव आयुक्त

8

क्या हमारे अंदर कोई तानाशाह है ?

"“तानाशाह अपनी शक्ति से नहीं, बल्कि जनता के भय से शासन करता है।"
- जॉर्ज ऑरवेल"

कहीं हमारे अंदर कोई तानाशाह तो नहीं ?

यदि आप खुद स्वतंत्र रहना चाहते हैं और अपना पक्ष निर्भीक होकर रखने का अधिकार चाहें तो आपको सामने वाले को भी अपनी बात रखने की आज़ादी देनी होगी, उन्हे असहमत होने की गुंजाइश भी|

"यदि कोई अपने से कमजोर लोगों से केवल हाँ मे हाँ सुनना चाहे तो वह यह कैसे उम्मीद कर सकता है कि उससे मजबूत लोग उसे असहमत होने की गुंजाइश दे देंगे।"

यदि स्वयं सर उठाकर जीना चाहती हैं तो अपने मातहतों और आश्रितों को भी सर उठकर चलने की गुंजाइश दें|

"सबका सहयोग चाहिए तो खुद के साथ के लोगों के इनपुट्स लेकर ही आगे बढ़ें"

कोई असहमत हो तो बजाय उसे ताकत या दबाव से चुप कराने के आप उससे बात करके उसका पक्ष जाने और जरूरी होने पर बदलाव करें |

"जिस देश में लोग बोलना बंद कर देते हैं, वहाँ तानाशाही पनपने लगती है।"

रबिन्द्रनाथ टैगोर

9

पिता - एक लघुकथा

क्या हुआ विभू ? इतना परेशान क्यों लग रहा है ? मम्मी ने मुरझाया सा मुह लेकर बैठे अपने बेटे से पूंछा |

कुछ नहीं मम्मी, लग रहा है कि मैं जेईई की कोचिंग के लिए दिल्ली नहीं जा पाउँगा |

ऐसा क्यों कह रहे हो बेटा, पापा प्रयास कर रहे हैं न, फिर तुम्हे स्कालरशिप भी तो मिली है |

हाँ मम्मी स्कालरशिप तो मिली है फिर भी फीस काफी ज्यादा है, और आजकल तो पापा का काम भी बढ़िया नहीं चल रहा |

माँ, विभू के बाल सहलाती हुयी बोली, बेटा तेरी कोचिंग वाली बात तो तेरे पापा को तब से याद है जब तू 11वीं में ही था, आखिर

उनका भी तो सपना है की तुझे बेहतर से बेहतर शिक्षा मिले, भले ही हम तुझे बड़े स्कूल में न पढ़ा सके, लेकिन तेरी लगन देखकर

तेरे पापा कह रहे थे कि एक साल की ही तो बात है करा देंगे कोचिंग |

दरवाजे से पापा की आवाज आई, माँ दरवाजा खोलने गयी, पिता ने अपनी जेब से बड़ी सावधानी से एक हरे रंग का नोट के आकर का कागज़ निकाला और बड़े गर्व से पत्नी के हाँथ में देते हुए बोले, विभू की माँ विभू की तैयारी की व्यवस्था हो गयी है !

माँ समझ न पाई की ये कैसा कागज़ है, पापा ने बताया ये डीडी है विभू की कोचिंग की फीस के लिए | महेश भाई साहब से बात हो गयी है,

विभू पीतमपुरा में उनके घर ही रुककर तैयारी करेगा | माँ पापा की बात सुन विभू ऐसे खुश हो गया जैसे उसे पंख लग आये हों अथाह आकाश में उड़ने को, बेटा पिता की उपस्थिति में बहुत सुरक्षित महसूस कर रहा था |

पापा ने अपने काम में सहयोग के लिए एक पुरानी लोडर खरीदने के लिए जो पैसा जमा किया था, उसे निकाल अपने बेटे को बेहतर अवसर मुहैया कराने को खर्च कर दिया क्योकि वो अच्छे से समझते थे

कि लोडर तो दो साल बाद भी आ जाएगी लेकिन विभू दो साल बाद जेईई में न बैठ पायेगा |

10

दोहराव - एक लघुकथा

यथार्थ सवाल करता है, यार प्रेम तुम अपनी वेबसाइट पर इतने आर्टिकल, लघुकथा व अन्य चीजें डालते रहते हो जबकि बहुत से लोग इन विषयों पर पहले ही लिख चुके है फिर तुम इन पर क्यों लिखते हो?

प्रेम गहरी साँस लेकर फिर मुस्कुराते हुए उत्तर देता है, तुम सही क रहे हो यथार्थ कि इन विषयों पर पहले भी लिखा जा चुका है लेकिन उसकी पहुंच सीमित है क्योंकि एक वक्त जब मुझे ऐसी ही चीजों की जरूरत थी, एक स्पष्टता की जरूरत थी तब मुझे ये सब नहीं मिल पाया, कितना अच्छा होता अगर ये मुझे किसी स्थानीय स्तर पर मिल जाता और आसानी से मिल जाता, उसी कमी को भरने को मैं अपने तरीके से लोगों तक और उन छात्रों तक इसकी सरल पहुँच बनाना चाहता हूँ जिससे कि जिस स्पष्टता की कमी का सामना मैंने किया है उसे दूसरे न महसूस करे। अगर ये चीजें किसी एक के जीवन में भी सकारात्मक परिवर्तन ला सकी तो मैं इस काम को सार्थक समझूँगा।

यथार्थ गर्व की अनुभूति के साथ कहता है, वाह यार तुमने तो एक आदर्श प्रस्तुत कर दिया, शिकायत ही नहीं काम करके कमी को भरने का प्रयास! प्रेम के हाव भाव से विनम्रता और संतुष्टि का भाव झलक रहा था।

11

सियाटिका- एक लघुकथा

यही दिन देखने को रह गए थे, पोंछा नहीं लगा सकती! भारी सामान नहीं उठा सकती !, वैभव की 65 वर्षीय माता जी ने अपनी सियाटिका दर्द के चलते डाक्टर द्वारा सुझाए परहेज़ को लेकर अपनी खिन्नता व्यक्त की।

वैभव को पहले तो यह सुनकर तकलीफ़ हुई कि अम्मा परहेज़ नहीं करना चाहती, फिर कुछ सोचकर मुस्कुराने लगे और बोले अम्मा कुछ 2-4 काम नहीं कर सकती उसका अफसोस करने के बजाय ये सोचो कि बहुत से जरूरी काम तो अभी भी कर सकती हो।

वैभव समझ चुके थे कि अम्मा की तकलीफ़ परहेज़ नहीं, देहभाव से जुड़ा अहंकार था, जिसे अब चोट लग रही थी क्योंकि अब उनका शरीर एक स्वस्थ व्यक्ति जैसा नहीं रहा था, जबकि शरीर तो एक साधन है और कई ऐसे महत्वपूर्ण कार्य अभी भी किए जा सकते हैं जिनमें शारीरिक रूप से पूर्ण सशक्तता आवश्यक नहीं होती।

12

सड़क हादसों पर एक लघुकथा - थ्रिल

निशीथ, धीमे चला भाई सड़क पर और लोग भी हैं, और देख सामने मार्केट भी है, अनुभव ने डरते हुये निशीथ से बाइक की स्पीड कम करने को कहा |

देख भाई मुझे चाहिए थ्रिल, लाइफ में, और फिर ये तो हाइवे है मैं क्यों धीमी करूँ बाइक, निशीथ ने लापरवाही से जवाब दिया |

धड़ाम!!! निशीथ ने इतने मे ही एक अधेड़ को टक्कर मार दी थी जिसके हांथ से सीरप की शीशी गिरकर फूट गयी थी, अधेड़ के घुटनों से निकला खून और सीरप सड़क पर अपना रंग छोड़ चुके थे

कुछ लोगों ने दोनों लड़कों को उठाया और कुछ ने उस अधेड़ आदमी को, चोट पीछे बैठे अनुभव को भी आई थी इसीलिए वो अपने साथी को गाली बकते हुये कह रहा था, "अबे गधे मना किया था न कि धीमे चल ये मार्केट एरिया है, तुझे थ्रिल ही महसूस करना है तो कोई बड़ी चुनौती वाला काम क्यों नहीं पकड़ता जीवन मे, ये बाइक को ओवरस्पीड चलाकर खुद की और दूसरों की जान क्यों लेने पर तुला है!, देख इस आदमी के हांथ मे दवाई थी, तेरे थ्रिल के चक्कर मे इसकी तो ...."

13

मधुरिमा, चेतन और करप्सन - एक लघुकथा

आओ इधर बैठते हैं, चेतन ने अपनी मंगेतर मधुरिमा को सिटी व्यू साइड की टेबल की तरफ इशारा करते हुए कहा और दोनों बैठ गए अपनी-अपनी कुर्सी पर, यह रेस्तरां अपने विंडो साइड व्यू के लिए मशहूर था शहर में, खिड़की से बाहर नीचे हरे भरे पेड़ और सामने रेजिडेंशियल काम्प्लेक्स के ऊँचे ऊँचे टावर|

आये थे दोनों साथ में शुकून के पल बिताकर मेमोरी बनाने लेकिन इसी बीच चेतन जोकि एक सिविल इंजीनियर था राज्य सरकार में, चेतन बैठे ही थे कि उनके फोन में एक न्यूज़ पॉप होती है कि आसाम की एक महिला प्रशासनिक अधिकारी के घर से करोड़ों नकद कैश और करोड़ों की ज्वेलरी बरामद हुयी, वह महिला अधिकारी पिछले कुछ महीनो से विजिलेंस की निगरानी में थी|

चेतन ये खबर पढ़कर व्यथित सा हो गया , उसका उतरा सा चेहरा

देखकर उसकी मंगेतर मधुरिमा जोकि पेशे से एक शिक्षिका है, सौम्यता से पूछती है, "क्या हुआ आपको, कोई दिक्कत ? ", "इज एवरीथिंग फाइन ?"

चेतन ने उसी व्यथित मन से कहा कुछ ख़ास नहीं, ये तो अक्सर का हो गया है, जब-तब खबर आ ही जाती है कि फलां अधिकारी के घर करोड़ों का कैश और ज्वेलरी बरामद हुयी!

ऐसी कौन सी मजबूरी, लालच या डर है कि लोग रिश्वत लेने से नहीं रोकते खुद को, मुझे तो कोई कारण नज़र नहीं आता, चेतन चिंता कि अवस्था मे बोला क्योंकि उसे ये बात पता थी कि रिश्वत के सिस्टम से लोगों को अवसर मिलने मे असमानता पैदा होती है और मेरिट किनारे हो जाती है साथ ही समाज मे ओवर-आल गुणवत्ता घटती है|

मधुरिमा मुस्कुराते हुये अपने दार्शनिक अंदाज में कहती है कि इनके अंदर का खालीपन इनसे भौतिक चीजों को इकट्ठा करके इन्हे भ्रम मे डलवाता है कि इससे इनके अंदर का खालीपन भर जाएगा या फिर उन्हे लगता है कि जल्दी और ज्यादा पैसे बनाकर वो समाज के लोगों से ज्यादा इज्ज़त पा लेंगे और अंदर कि बेचैनी मिट जाएगी हालांकि मिटती नहीं क्योंकि दुनिया के लोग भी तो चालाक है जब तक स्वार्थ रहता है तब ही तक मान देते हैं, किसी को लगता है कि कोई बड़ी बीमारी न हो जाए उसके लिए अनैतिक तरीके से पैसे इकट्ठे करते हैं, मौत और अकेलेपन से इतना डरते हैं एक से एक घृणित कार्य करते हैं और जीना ही भूल जाते हैं, कोई वास्तविक रोमांच नहीं रह जाता, कोई पैसा इकट्ठा करने मे लगा है तो कोई प्रेस्टीज़, और तो और दबाव और डर मे जी रहे लोग दूसरों को भी तकलीफ देते हैं, गलत उदाहरण बनते हैं, ऐसे लोगों के लिए तरस और घृणा की भावना के साथ मधुरिमा व्यंगात्मक मुस्कान देती है, चेतन कुछ रिलैक्स महसूस करता है जवाब पाकर, देर से ही सही बैरा आता और कहता है कि सर स्टार्टर मे क्या लेंगे ?

14

क्या देर हो गयी ? जीवन अर्थहीन लग रहा ?

"कुछ दिन पहले, बीएचयू के वक़्त के एक दोस्त से बात हो रही थी, कुछ मुद्दों पर जिन पर बात करना बहुत जरूरी है, उसमे से एक मुद्दा रहा, युवाओं और किशोरों का नज़रिया जीवन की तरफ, जब वो किसी काम मे असफल हो गए हों, पढ़ाई मे कुछ साल पिछड़ गए हों, अपने साथ के लोगों से ज्यादा मिक्स-अप न हो पाये हों, नौकरी पाने मे पीछे रह गए हों इत्यादि

कुछ बातें जो सामने निकलकर आयीं वो यहाँ साझा कर रहा हूँ, इस प्रयोजन के साथ कि किसी युवा को इनसे स्पष्टता मिले ताकि जो समय, निरर्थक सोच और उदासी मे जा रहा वो किसी सार्थक कार्य मे लग सके जिससे स्वयं को आनंद मिले, आत्मनिर्भरता आए, आमजन को भी कुछ लाभ हो और जीवन मे शांति और उत्कृष्टता का आगमन हो|

तो चलिये शुरू करते हैं:

कभी किन्ही व्यक्तिगत कारणों और मजबूरियों के चलते किसी की पढ़ाई मे देरी हो गयी, कोई व्यवधान पड़ गया, उदाहरण के लिए घर मे किसी की बीमारी के चलते एक साल के लिए पढ़ाई नहीं हो पायी और आप अपने किसी साथी से पीछे हो गए एक या कुछ साल: इस अवस्था मे दुखी होना समझदारी नहीं, एक बात इस पर साझा करना चाहूँगा, पहला कि कुछ परिस्थितियों पर हमारा नियंत्रण नहीं होता, दूसरा, किसी से कुछ साल आगे होना या पीछे हो जाना कोई खास मायने नहीं रखता, आखिरकार आपकी ज़िम्मेदारी आपके अपने जीवन को लेकर सबसे पहले है, कोर्स मे पीछे रह जाना आपके नियमित व्यायाम करने, नियमित कुछ बेहतर पढ़ने, अपने समय का कुछ हिस्सा सामाजिक कार्य करने, यथा अपने से छोटों को कुछ पढ़ाने, सीखने उनके साथ खेलने, खुद को आत्मनिर्भर बनाने के प्रयास और खुद को डर और लालच के दबाव से मुक्त रखने के चुनाव को बाधित नहीं करता, आखिरकार आपको जीयन मे शांति, आत्मनिर्भरता, उत्कृष्टता, आज़ादी लाने के लिए ही प्रयास करना है, पढ़ाई मे कुछ साल पीछे रह जाने से बाकी चीजें उतनी ज्यादा प्रभावित नहीं होती बस इतना होता है कि सहपाठी बदल जाते हैं, जोकि खास मायने नहीं रखते क्योंकि संस्थान जाने का मूल उद्देश्य ज्ञान और समझ हांसिल करना होता है न कि दोस्त बनाना| आखिरकार कोर्स के बाद या नौकरी लगने के बाद भी तो अलग अलग शहर में रहना हो सकता है|

किसी विद्यार्थी की अँग्रेजी स्तरीय नहीं है, और उसे लग रहा कि वो पीछे छूट रहा है तो ऐसे साथियों से दो बातें कहनी हैं, पहली कि अँग्रेजी स्तरीय न होने से जो नुकसान हो रहे या जो अवसर चूक जा रहे वह दौर अस्थायी है, ऐसा हमेशा न होगा, जैसे ही आप अपनी अँग्रेजी बेहतर कर लेते हो उस वक़्त जो भी मौके मिलेंगे उनका लाभ आप ले पाओगे, कोई मौका आखिरी हो सकता है अपने तरह का लेकिन दूसरे मौके और भी आएंगे, खासियत मौके मे नहीं होती खासियत होते है उसका उपयोग करने करने मे,

“"किस प्रयोजन मे ?, प्रयोजन साफ है जीवन मे उत्कृष्टता, आत्मनिर्भरता पाना, साथ में डर और लालच से आज़ादी, परोपकार और आनंद की प्राप्ति में", यदि आप किसी अवसर के चूक जाने पर दुखी रहेंगे या निराश रहेंगे तो आगे आने वाले अनगिनत अवसरों का लाभ नहीं ले पाएंगे, ध्यान रखिए कि गलती भूतकाल मे नहीं होती, गलती होती है मात्र वर्तमान में,”

इसीलिए वर्तमान का समय खुद को बेहतर करने मे लगाएँ, जीवन मे सच्चाई को स्थान दें अपने कार्यों मे उत्कृष्टता लाएँ, सामने उपलब्ध अवसरों का अधिकतम उपयोग करें, और समय को दुखी रहने मे व्यर्थ न करें और ध्यान रखें कि बहुत से लोग को उतने भी अवसर और संसाधन नहीं मिले हैं, जो आपको मिले हैं| जीवन मे खेल को समुचित स्थान दें, यह आपको फुर्तीला रखेगा, साथ मे नियमित स्वाध्याय की आदत आपको चीजों, घटनाओं और लोगों को देखने के नजरिये को भी नए आयाम मिलते रहेंगे|

दूसरी बात कि अँग्रेजी सीखी जा सकती है सही तरीके से, जैसे कि बेसिक व्याकरण की समझ के बाद आप शॉर्ट स्टोरीज या बच्चों की कहानियों की अँग्रेजी की किताब पढ़कर फिर स्तर बढ़ाते हुये अँग्रेजी मे रुचिकर विषयों पर निबंध पढ़कर, द्विभाषी लेख पढ़कर, अँग्रेजी मे इंटरव्यू देखकर, अब तो कई सारे मोबाइल एप्प्स आ गए हैं जिनमे आप बोलकर अभ्यास कर सकते हैं, बस एक बात ध्यान रखें कि विषय रुचिकर हो ताकि आप अँग्रेजी सीखने को वक़्त दे सकें, कुछ लोग अँग्रेजी मे समाचार पत्र पढ़ने को कहते हैं, सवाल यही है कि यदि समाचार मे रुचि न हुयी तो आप कितनी देर तक अँग्रेजी का समाचार पत्र पढ़ पाएंगे ? इसीलिए मैं कहानियाँ पढ़ने की सलाह देता हूँ |

जब कुछ बातों और आदतों को लेकर मन मे कुंठा आ जाए, तब इस बात पर विचार करें कि कहीं कोई आदत बंधन तो नहीं ? क्या कोई आदत आपको आज़ादी, आनंद, आत्मनिर्भरता या उत्कृष्टता मे योगदान दे रही, या केवल मन बहलाकर खुद को जीवन के जरूरी सवालों से दूर कर

रही ?

> *“जीवन का मुख्य उद्देश्य पाना है जोकि आत्मनिर्भरता, गरिमा और सच्चाई का जीवन है , किसी की नकल नहीं करना या प्रशंसकों की भीड़ इकट्ठा करना नहीं| ”*

जब जीवन मे कोई उद्देश्य न दिखे तब एक काम किया जा सकता है, जरूरतमन्द लोगों की निस्वार्थ सेवा, उनमे सबसे ऊपर जिस बात को मै रखता हूँ, वह है लोगों को शिक्षित करना, उन्हे लोगों की तकलीफोन को लेकर संवेदित करना, उनकी समझ पर काम करना, उन्हे मेहनत, उत्कृष्टता और हुनर के लिए तैयार करना, उन तक बड़े बड़े लोगों की जीवनियाँ और प्रेरक प्रसंग पहुंचाना, उन तक उत्कृष्ट साहित्य पहुंचाना, कहीं कोई गोष्ठी हो रही हो तो जरूरी बातों पर अपने विचार रखना और दूसरों के सुनना, समाज मे बहुत तरह की दिक्कतें हैं उन पर जरूरी जागरूकता लाकर, जरूरी कदम उठाकर उन दिक्कतों के उन्मूलन के लिए प्रयास करना|

जीवन के कठिनतम पलों मे भी, हार न मानने के बजाय इस शरीर से खूब काम लेते हुये, परिस्थितियों से निपटने का प्रयास, लेकिन इसकी एक शर्त है कि आप ये सोचने मे न फसे रहें कि अमुक इंसान का जीवन इतना सहज है, मुझे ही इतने संघर्ष क्यों मिलें?, इस क्यों का जवाब कई बार आसान नहीं होता और अपने गर्भ मे सदियों पुरानी व्यवस्थागत खामियाँ लिए होता है, इन खामियों पर भी काम करना होगा लेकिन पहले तो सामने मौजूद विकल्पों मे से एक को चुनकर खुद को थोड़ा बेहतर और स्थायित्व वाली स्थिति मे लाने का प्रयास करना चाहिए|

> ***“"युवाओं को दूसरों पर भावनात्मक निर्भरता भी बहुत परेशान करती है, अपनी बात कहने के लिए लोग न मिलें अगर, आपकी हाँ मे हाँ मिलाने वाले और आपको सांत्वना देने वाले लोग न मिलें अगर तो निराश होने के बजाय अच्छी पुस्तकों का रुख करना और मजबूत लोगों को पढना, साथ***

खुद की ऊर्जा इकट्ठाकर लग जाना उनकी सुनने मे जिनकी सुनने वाला कोई नहीं और साथ मे चुनना कोई सार्थक काम जो आपको आनंद दे सके, किसी से बात करने और मन बहलाते रहने से जीवन नहीं चलता, सार्थक काम चुनिये जिसमे खूब श्रम भी हो और लोगों का भला भी, श्रम आपके लिए अच्छी नींद सुनिश्चित करेगा, भले से मतलब है लोगों के जीवन में, गरिमा, आत्मनिर्भरता, उत्कृष्टता, सच्चाई और आज़ादी का समावेश।"

और जब आप एक सार्थक कार्य से जुड़ते हैं तो सार्थक, दिखावे से दूर सच्चे और संवेदनशील लोगों से परिचय होने की संभावना बढ़ जाती है, और यदि आप ऐसे काम से जुड़े हैं जहां लोग केवल ज्यादा से ज्यादा इकट्ठा करने और ज्यादा से ज्यादा भोगने की दौड़ मे शामिल हों तब वहाँ कोई ठहरा, दिखावे से दूर सच्चा और संवेदनशील इंसान मिल जाए इसकी संभावना कम हो जाती है।

यदि आपको समाज मे कुछ कमियाँ दिखती हैं तो केवल शिकायत करने या खुद को सबसे अलग कर लेने के बजाय एक और रास्ता है वह है खुद उन कमियों को दूर करने के प्रयास करना अपनी क्षमता में, इस पर दो बातें :

पहली कि यदि आपको आज कुछ अच्छा मिल रहा है तो उसमें आपके पूर्वजों का योगदान है, जैसे किसी पुराने पेड़ के फल और छाया, जैसे हमारे देश मे लोकतन्त्र का होना, जैसे हमारे देश मे सूचना का अधिकार और शिक्षा का अधिकार होना, फॉर्म भरकर किसी भी प्रतियोगी परीक्षा मे बैठकर बड़ी से बड़ी नौकरी तक पहुंचने के अवसर होना आदि, तो क्यों न आप भी ऐसा कुछ करो जो आपसे छोटे या अन्य कम पहुँच के लोगों को फायदा दे सकें, जैसे सस्ती शिक्षा, मानसिक स्वास्थ्य संबंधी सलाह, जागरूकता फैलाने वाले कार्यक्रम, कोई छोटा ही सही स्वरोजगार शुरू करके लोगों को रोजगार देने, गरिमा वाला रोजदार देने के काम, जो अपनी दिक्कतें व्यक्त नहीं कर पाते उनकी आवाज बनने का काम, किसी क्षेत्र मे निपुणता हासिल करके आमजन के भले के

लिए काम या जिनकी हिम्मत टूट रही हो उनके लिए प्रेरणा स्रोत बनकर उनकी हिम्मत बनने का काम |

अपने आस-पास ध्यान से देखने पर आपको दिक्कतें दिख जाएंगी, जिन पर आप अपनी क्षमतानुसार कार्य कर सकें|

दूसरी बात कि **खुद को कमतर न आँकें कोई भी बड़ा और जरूरी काम हाथ मे लेने से पहले**, जब जैसी क्षमता हो वैसी शुरुआत कर दें, बहुत बड़ा बन जाने का इंतज़ार न करें, जैसे किसी को पढ़ाने के लिए आपको बहुत बड़ा बनने की जरूरत नहीं, आप अपने कॉलेज के दिनो से ही ऐसा कर सकते हैं, किसी भी संस्था या विद्यालय से जुड़के, सप्ताह के कुछ घंटे दे सकते हैं निशुल्क अपना इच्छित विषय पढ़ाने के लिए, खुद के जीवन को सार्थक कामों से भर दें, नियमित कुछ परोपकार के कार्य करें, एक एक दिन को सार्थक करते चलें, बहुत बड़ा बन जाने के इंतज़ार में जीवन के आनंददायक पलों से न चूकें, हाँ एक जरूरी बात अपने शरीर को स्वस्थ रखने के लिए शारीरिक श्रम, व्यायाम से परहेज न करें और न पालें ऐसी चीजों को इकट्ठा करने की चाह जिनके लिए आपको आपकी गरिमा, वक़्त और आज़ादी का सौदा करना पड़े, क्योंकि गुलामी शरीर और मन दोनों को प्रभावित करती है |

> ***"एक बात और जोड़नी है, आग से झुलसते जंगल मे एक चिड़िया जो अपनी चोंच से पानी डालती है, वह उन लोगों से बहुत बेहतर महसूस करती है जो जंगल को जलता देख केवल दुख जताते हैं और दूसरों को कोसते हैं |"***

अगर सारे युवा शिक्षादान शुरू कर दें तो देश मे शिक्षा महंगी न रह जाए और हमे एक संवेदनशील और करुण इंसानों वाला समाज मिल जाए, जहां लोग एक दूसरे से प्रेम से मुस्कुराकर बात कर सकें, कोई किसी का हक न मारे और शोषण के षड्यंत्र न रचे

ये सब शिक्षा की समावेशी प्रकृति और सहज उपलब्धता से ही संभव है |

"शिक्षा सबसे शक्तिशाली हथियार है, जिससे आप दुनिया को बदल सकते हैं।"

— नेल्सन मंडेला

शिक्षादान से बेहतर क्या हो सकता है ?

15

सम्यक जीवन और प्राथमिकताएं -1

"मनुष्य का जीवन महान होना चाहिए, लंबा नहीं।"
— डॉ. भीमराव अंबेडकर"

आंबेडकर जी का साहित्य रखिये घर में, फुले जी का साहित्य, एक से एक उत्कृष्ट साहित्य है हिन्दी और अन्य भाषाओं मे उसे रखिये घर में, जो नेता संघर्ष वाले जीवन से आकर ऊँचाई तक पहुंचे या जिन्होंने समाज के पिछड़ी तबकों के भले के लिए काम किया उनकी जीवनी या आत्मकथा रखिये घर में खुद भी पढ़िए और बच्चों को भी प्रेरित करिए|

सही लोगों का मान करना सीखिए, जिस तरह के लोगों का मान आप करेंगे आपके बच्चे भी उनका ही मान करेंगे

अगर आप शिक्षित, समझदार और ईमानदार लोगों का मान करेंगे तो आपके बच्चे भी उनका मान करेंगे और खुद भी वैसा ही बनने का प्रयास करेंगे, फिर आपको उनसे बेहतर बनने को कहना न पड़ेगा, माहौल सब कह देगा |

हमें समाज में एक निर्णायक भूमिका पानी है इस विचार को जिन्दा रखने और याद रखने के लिए नियमित मीटिंग कर इस बारे में प्रगति

पर चर्चा करें ताकि इस तरह हम केवल स्वयं तक ही सीमित न रह जाएँ, जब प्रयास सामूहिक हो तो उत्साह भी बना रहता है और काम भी चलते रहते हैं |

निडर बनेंगे तो आगे बढ़ने और मजबूती के लिए मेहनत करेंगे, दब्बू रहेंगे तो आगे बढ़ने की उत्कंठा ही न पैदा होगी

अपना मत और अपनी बात/स्थिति स्पष्ट रूप से व्यक्त करना सिखाइए ताकि ऐसे ही लोगों से संग हो सके,क्योकि संगति महत्वपूर्ण है |

जो इंसान केवल हाँ में हाँ में मिलाता है अपना मतलब निकलने को फिर वो ऐसे ही लोगों से घिर जाता है

अपनी असहमति को खुलकर व्यक्त करें और लोगों को भी आजादी दें की वो अपनी असहमति को खुलकर व्यक्त कर सकें, फिर तर्क के द्वारा लोगों की शंका समाधान करें इस तरह लोग सच्चे मन से आपके साथ होंगे और जिन्हें केवल झूठ ही पसंद है वो खुद ही दूर हट जायेंगे|

> *"नेतृत्व की क्षमता रखें, स्कूल के वक़्त से ही बच्चों को स्कूल में होने वाले कार्यक्रम में हिस्सा लेने को प्रोत्साहित करें और खासकर भाषण देने, मंच संचालन और समन्वय के कामो में"*

उन्हें सिखाएं की जो भी लोग उनके साथ जुड़े हैं उनके हित सुरक्षित रहें और उनके वाजिब हित पूरे हो सकें इस बात को ध्यान में रखकर ही काम करें

> *"साहस आता है स्पष्टता से अतः बच्चों को साहित्य अध्ययन के लिए प्रोत्साहित करें ताकि उनमे स्पष्टता रहे और वह साहस के साथ आगे बढ़ सकें |"*

बच्चों में कोई फूट न डाल पाए इस तरह तैयार करें उन्हें, उन्हें बताएं की अपना वो जो सच के रास्ते चले, उन्हे बताएं कि किसी के कहने मे न आकर वस्तु स्थिति का जायजा लें और संबन्धित व्यक्ति से खुद बात

करें |

"जो सफल हुए हैं उनसे किसी भी तरह का इर्ष्या भाव या प्रतिस्पर्धा की भावना रखे बिना उनसे सीखने की इच्छा रख वार्तालाप करें, बहस के बजाय चर्चा के उद्देश्य के साथ बाते करें | "

बच्चों को दूसरों की मदद के लिए प्रेरित करने के लिए खुद अपनी इनकम का 2 % जरूरतमंद लोग जिनसे आपका कोई स्वार्थ नहीं उनकी मदद के लिए आरक्षित करें, इस तरह बच्चों में दूसरों की मदद के लिए पहले खुद को समर्थ बनाने के लिए मेहनत करने की प्रेरणा मिलेगी |

"खुद को मांगने वाला नहीं देने वाला समझ खुद मेहनत कर वो हासिल करना है जिसके हम हकदार हैं, किसी का चमचा नहीं बनना, खुद समर्थ हो ऐसा मानकर खुद ही सारे तरीके सीखने हैं| "

बच्चे जब पढ़ रहे हों तब ही ध्यान दें कि उनमे ज़िम्मेदारी का भाव कितना है, वो दूसरों को लेकर संवेदनशील बनें, अपने साथ दूसरों की भी सुने और समझने का प्रयास करें|

उनके विद्यालय या कॉलेज भी समय-समय पर जाकर उनके शिक्षकों से मिलें और अपनी संतान की प्रगति पर बात करें ताकि शिक्षक भी जवाबदेही महसूस करें|

"ज्ञान मनुष्य के जीवन की नींव है।"

— डॉ. भीमराव अंबेडकर

16

सम्यक जीवन और प्राथमिकताएं -2

"“यदि आप स्वतंत्रता चाहते हैं, तो आपको उसके लिए संघर्ष करना होगा।”
— डॉ. भीमराव अंबेडकर"

जैसा कि पिछले अध्याय मे बात की, बच्चों के शिक्षकों से समय समय पर मिलते रहे और आपकी संतान पढाई और अन्य गतिविधियों में कैसा प्रदर्शन कर रही इसकी जानकारी लें, आपकी जागरूकता शिक्षकों को और ज्यादा जिम्मेदारी का अहसास करवाएगी |

खुद भी आप आपा-धापी में न रहें, जहाँ तक हो सके एक सुव्यवस्थित जीवन जियें, आपको देख बच्चे भी वही अनुसरण करेंगे जीवन में जो कुछ जरुरी है आपकी उन्नति और शांति के लिए उसी को समय दें, अनावश्यक औपचारिकताओं और दिखावे में न उलझें |

पैसे को लेकर भी एक विचार रखें की आत्मनिर्भरता और गरिमामय जीवन के लिए जितना जरुरी है उतना कमाना है ये ध्येय रखें नाकि अकूत संपत्ति का चाह, बच्चों को काबिल बना दें वो अपनी व्यवस्था खुद कर लेंगे उनके लिए अतिरिक्त प्रबंध करने की लालसा के चलते

अपने स्वस्थ्य के साथ और अपनी गरिमा के साथ समझौता न करें, बच्चे कर्मशील तब ही बनेंगे जब वैसी परिस्थिति बनेगी, संपत्ति संचयन सही तरीके से हो और उतना ही जितना गरिमामय जीवन को जरुरी है, बच्चे बैठकर बिना कुछ किये खा सकें इसके लिए कमाएंगे तो बच्चों के बिगड़ने की संभावना बढ़ जाएगी |

न खुद दीन हीन बनकर रहें और नहीं बच्चों को बेचारा दिखने की सीख दें, सीना तानकर चलें, चीज़ों की सही कीमत अदा करें और समाज के दबे कुचले लोगों के जीवन स्तर को उठाने के लिए संघर्ष करें, जीवन एक दिन चले जाना है उससे पहले इसे किसी ऐसे काम में लगायें जिससे वो माहौल अच्छा हो जिसमे आप रहते हो

संगठित होकर रहना सीखिए, अन्याय के खिलाफ और अपने हक़ के लिए संगठित होकर बोलना सीखिए

जन कल्याण की सरकारी योजनाओं की जानकारी रखिये और अपने समाज के लोगों को जागरूक करिए

कमाने के साथ ध्यान दीजिये कि आपकी मेहनत का पैसा कहीं दिखावे या फ़िज़ूल के खर्च में तो नहीं जा रहा

अन्याय नहीं सहना है और अपने समाज के ईमानदार और जुझारू लोगों को सरकार में भेजना है ताकि बेहतर प्रतिनिधित्व हो सके

> *"इंसान में अगर स्वयं और दुनिया की सही समझ है तो वो अपनी उन्नति और भले के लिए जरुरी कदम भी उठा लेगा और जरुरी नीतियाँ भी बना लेगा इसके लिए न तो उसे बताना पड़ेगा की ईमानदार रहो मेहनत करो और नहीं उसे ये बताना पड़ेगा की अपने साथ-साथ समाज के कमज़ोर लोगों की बेहतरी के लिए भी समय और संसाधन खर्च करो क्योंकि इससे वो माहौल बेहतर होता है जहाँ आप रहते हो"*

बात साफ़ है जिसने आजादी और गरिमा का जीवन जिया है जिसने सत्य को जान लिया उसका ये प्रयास रहेगा कि दूसरे भी सत्य को समझे इसके लिए साहित्य हमारी मदद करता है, जिन्होंने सालों की जिंदगी जी है

और अंत में एक निष्कर्ष तक पहुंचे हैं उन्होंने अपने जीवन के अनुभव को अगर एक किताब की शक्ल देने की मेहनत की है तो उससे हमें जरुर फायदा लेना चाहिए

> *"एक अच्छी किताब एक केवल एक किताब भार नहीं है, ये तो संगति है उस ऊँचे इंसान की जो हमारे साथ भौतिक रूप से तो नहीं हो सकता है लेकिन अपनी किताब के माध्यम से हमें वो सब कुछ बता पा रहा है जो अन्यथा वो साथ होने पर बताता।"*

किताबें हमें स्पष्टता देती हैं जिससे हम सही रास्ते पर चल पाते हैं बेधड़क अन्यथा दस तरह की मूर्खताएं कर अपना समय और उर्जा ख़राब करते हैं, भ्रम, डर और लालच ही इंसान से गलत काम करवाते हैं।

स्वयं को जानना ही है अध्यात्म; हो सकता है कि शुरुआत में तो अध्यात्म की पुस्तक आपको अरुचिकर लगे लेकिन धीरे धीरे आपको जब समझ आने लगेगा तो आप समझ जाओगे की ये तो उन पुस्तकों में से हैं जो सबसे पहले पढ़ी जानी चाहिए।

अगर आप ध्यान दें, तो पाएंगे कि समाज के जो तबके निरंतर आगे बढ़ रहे हैं उनमे संपत्ति के साथ एक और बात है जो साझा है वो है अध्ययन और संगति को उचित महत्व और सही चुनाव।

जैसे की हम एक शब्द-युग्म का इस्तेमाल करते हैं पढ़े-लिखे

इसमें ये जो "लिखे " इस शब्द को अगर सार्थक करना है तो मुझे लगता है कि हमें अपने बच्चों को पढने के साथ अपने विचारों को और समझ को लिखने के लिए प्रेरित करना चाहिए इससे होगा क्या ? इससे दो फायदे हो सकते हैं पहला की बच्चे अपनी बात को रखने में निपुण होंगे दूसरा ये कि समाज में कई तरह के लेखक हैं कोई अपने लेखन कौशल से कोई बात को प्रचारित करता है या प्रोत्साहित करता है तो कोई लेखक किसी बात को, तो क्यों ने हम भी अपनी बात को एक बड़े जन समूह या एक बड़े पाठक वर्ग के साथ साझा करें और उन बातों को सामने रखें जो जरुरी तो हैं लेकिन उन्हें किसी कारणवश उतना महत्व

नहीं दिया गया जितना दिया जाना चाहिए, साथ ही ऐसा हो सकता है कि मौजूदा लेखक वर्ग अपनी लेखनी में हमारे कुछ महत्वपूर्ण मुद्दों को उचित स्थान न दे रहे हों उस स्थिति में हम उस कमी को पूरा कर सकते हैं|

रही बात लेखन कौशल की तो वो अभ्यास से आएगा, शब्दकोष और तरीके के लिए उपलब्ध साहित्य को पढ़िए और खूब पढ़िए ताकि आपको अपने लेखन में समुचित सहयोग मिल सके फिर धीरे-धीरे अपकी लेखनी में धार आएगी और एक दिन प्रकाशित होकर बड़े जन समूह तक भी पहुंचे, कुछ नया नहीं लिख सकते तो अपने अनुभव लिखने से शुरुआत करिए ये भी किसी न किसी के काम आयेंगे और आप अपने समाज का प्रतिनिधित्व भी कर पाएंगे|

बच्चों को हर तरह के संघर्षों के लिए तैयार करें यथा भावनात्मक और सामाजिक दोनों ताकि वो प्रतिकूल परिस्थितियों का सामना बिना घबराए कर सकें इसके लिए महान लोगों की जीवनियाँ बच्चों को समझ दे सकती हैं कि कैसे कुछ लोग प्रतिकूल परिस्थिति में भी अच्छा कर ले जाते हैं|

"समानता के बिना स्वतंत्रता का कोई मूल्य नहीं है।"

— डॉ. भीमराव अंबेडकर

17

सम्यक जीवन और प्राथमिकताएं -3

"संविधान केवल वकीलों का दस्तावेज़ नहीं है; यह जीवन का एक माध्यम है।"

— डॉ. भीमराव अंबेडकर

घरों में पढाई की लौ जगे, माता पिता अपने कामों के बाद घर में कुछ देर साहित्य पढ़ें इससे कमाई भले थोड़ी कम होगी लेकिन खुद भी ज्ञान का अर्जन होगा समझ बेहतर होगी साथ ही जब बच्चे देखेंगे कि माता पिता भी पढ़ रहें तब वो भी पढ़ेंगे और इस तरह स्वाध्याय के दम से आपके कोचिंग / ट्यूशन के पैसे बचेंगे और एक बार बच्चों का मन अध्ययन मे लगा गया तो वो फिजूल के काम बंद कर देंगे |

महान लोगों की फोटो घर में लगायें और बच्चों को उनके संघर्ष और उपलब्धियों के बारे में बताएं, साथ ही खुद भी उनसे प्रेरणा लेकर अपने जीवन मे संघर्षों के बावजूद सत्य और मेहनत का रास्ता न छोड़ें |

बच्चों को तकनीकी पढाई के साथ खेल कूद और साहित्य में रुझान लगायें

अगर गुंजाईश हो सके तो बच्चों को देशाटन करवाए, विज्ञानं केंद्र की सैर, ताकि उनमे जिज्ञासा बढे और वो आगे बढ़ने के लिए और मेहनत से पढ़ें, देश दुनिया के बारे में जाने, देश दुनिया के बड़े लोगों के बारे में जाने,

उनके संघर्ष और प्राथमिकताओं को समझे और एक बेहतर आदर्श को देख जीवन जिये, कोई भी दिक्कत देख घबराएँ नहीं |

बच्चों को दिक्कतों में हारने के बजाय जूझना सिखाएं, अपने व्यवहार से, जब आप खुद दिक्कतों को देख परेशान होने ये खीझने के बजाय उससे निपटने का रास्ता निकलेंगे तो बच्चे भी यही सीखेंगे, बच्चों मे धैर्य और तार्किकता के बीज डालें | "चीज़ें समय लेती हैं "

प्राथमिकतायें कम लेकिन ठोस हों ऐसी सीख दें

किसी भी तरह की कुंठा से बचाएं, क्योंकि कुंठा हमारा वक़्त बर्बाद करती है, उन्हें कोई कमतर न दिखा पाए इस तरह उन्हें तैयार करे इसके लिए उन्हें अध्यात्मिक अध्ययन के निकट ले जाएँ, कुंठा तब आती है जब हम उस चीज़ के बारे मे सोंचते हैं जो हमारे पास नहीं है और उस चीज़ का सदुपयोग नहीं कर पाते जो हमारे पास है |

जो भी साधन, गुण और काबिलियत आपके पास हैं उनका भरपूर उपयोग कर अपने काम को अच्छे से करें न कि दूसरों से तुलना करके खुद को कुंठा मे डालें|

याद रखें कि सबकी परिस्थितियाँ भी अलग हैं और जरूरतें भी, दिखावे से ज्यादा असली जरूरत पर विचार करके ही चीजों को हासिल करने का सोंचे, अपनी इच्छाओं की पूर्ति के लिए अपने जीवन की शांति और खेलने, पढ़ने का समय भी अगर काम मे लगा दिया तो संतुलन बिगड़ जाएगा |

> *"लोगों की नकल या अंधानुकरण न करें, अपनी जरूरत को समझकर वर्तमान प्रबंधों को ध्यान रख प्राथमिकताएँ निर्धारित करना ही बुद्धिमानी है | "*

अपनी क्षमतानुसार घर में छोटी लाइब्रेरी बनायें जिसमे हर जरुरी वर्ग का साहित्य हो ताकि बच्चों की बुद्धि समावेशी हो

> *"बच्चों में शिक्षक के प्रति आदर पैदा करें ताकि वो उनसे सीख सके, और शिक्षकों मे भी ज़िम्मेदारी का बोध बढ़े | "*

बच्चों को परहित के लिए तैयार करें इस तरह वो अस्थायी असफलता से घबराएगा नहीं और सफलता मिलने पर गुरुर न करेगा और इसका नतीजा ये होगा की वो बहुत आगे तक जायेगा, उसको स्वाद लगने दें परहित से मिलने वाले आनंद का, फिर मेहनत और उन्नति तो खुद कर लेगा, दूसरे का भला और उन्नति का करते करते उसकी भी उन्नति हो जाएगी |

"जो समाज अपने इतिहास को नहीं जानता, वह कभी प्रगति नहीं कर सकता।"

— डॉ. भीमराव अंबेडकर

रामधारी सिंह दिनकर

एक उम्दा कवि और साहित्यकार, इन्हे जरूर पढ़ें

18

जीवन का उद्देश्य और किस्मत

"“विचारों की स्वतंत्रता के बिना कोई भी समाज आगे नहीं बढ़ सकता।”
— डॉ. भीमराव अंबेडकर"

उद्देश्य में हो एक गरिमामय और आत्मनिर्भरता वाला व्यक्तिगत जीवन समाज के निर्माण में निर्णायक भूमिका नाकि आपस में सम्मान पाने की होड़, अगर समाज के निर्माण मे निर्णायक भूमिका न निभा सकें तो अपने व्यक्तिगत जीवन मे ही सत्यनिष्ठा से जीवन जीकर एक सही मिसाल बने न कि झूठ और दिखावे का जीवन जीकर एक गलत उदाहरण |

> *"अपने व्यक्तिगत उन्नयन के साथ अपने समाज के पिछड़े लोगों की मदद ताकि उनको उचित शिक्षा मिल पाए और वो भी समाज में एक गरिमामय उपस्थिति दर्ज कर सकें, इस तरह आपके आस-पास समृद्धि होगी तो आपको और अच्छा लगेगा|"*

छोटी छोटी औपचारिकताओं को लेकर विवाद के बजाय हमारे ध्यान में बड़ा उद्देश्य हो जिसमे शिक्षा, उन्नयन हो, आत्मनिर्भरता, सम्पन्नता और समाज में एक उचित स्थान के लिए के एक -दूसरे का वाजिब साथ हो

> *"बच्चों में साहित्य को लेकर रुझान विकसित करना होगा जिससे एक दूसरे को समझना और समन्वय बैठना आसान हो सके।"*

अध्यात्म की समझ को लेकर रुझान ताकि छोटी और सतही चीज़ में उलझे बिना बच्चे सही उद्देश्य के लिए मेहनत कर सकें

जहाँ समाज का एक तबका पूरे मनोयोग से शक्ति और सम्पन्नता के लिए लगे हैं वहीं समाज के एक बड़े तबके लोग आपस के मतभेद में उलझे हैं, एक दूसरे की टांग खींच रहे, और नीचा दिखा रहे, ऐसा बिलकुल न हो सारे क्रिया कलापों का उद्देश्य ऐसा हो कि एक दूसरे कि उन्नति मे सहयोग करना है, और खुद भी अपने काम मे उत्कृष्टता लाकर बेहतरी हासिल करनी है।

> *"खुश होना ही है तो खुद के काम मे उत्कृष्टता लाकर खुश हो, किसी को नीचा दिखाकर खुश होना तो बहुत सतही है, किसी ने कुछ बेहतर किया हो तो उसकी तारीफ करें उसके प्रयासों कि तारीफ करें ताकि समाज के और लोग भी उससे प्रेरणा लेकर बेहतर काम करे, किसी की सफलता का श्रेय अगर किस्मत को देंगे तो फिर लोग अपने काम मे कौशल लाने के बजाय बस किस्मत चमकाने के उपाय करते फिरेंगे।"*

साहित्य की समझ तो इंसान की समझ को वृहद् करती है और समावेशी बनती है, इसीलिए खुद भी साहित्य पढ़ें नियमित रूप से और दूसरों को भी पढ़ने का सुझाव दें, अगर साहित्य अध्ययन से आपके जीवन मे शांति का समावेश होगा तो लोग भी प्रेरित होंगे।

"शारीरिक रूप से मजबूती, व्यायाम के द्वारा सुनिश्चित करें ताकि इस शरीर रूपी साधन का उपयोग आप स्वयं की बेहतरी और एक आज़ाद जीवन जीने के लिए कर सकें, उत्तेजक भोजन से बचें।"

मानसिक मजबूती के सारे साधन, माने मानव मन और दुनिया की स्पष्ट समझ, एक बार समझ आ गयी तो अकेले रहने से भी डर न लगेगा, और ये जो दुनिया का दबाव होता है कि अकेले छोड़ देंगे इससे मुक्ति मिल जाएगी।

"शिक्षित बनो, संगठित रहो और संघर्ष करो।"
— डॉ. भीमराव अंबेडकर

एपीजे अब्दुल कलाम,
वैज्ञानिक और भूतपूर्व राष्ट्रपति

19

जिंदगी को अर्थ और एडवेंचर देने की चाहत? कुछ अच्छा करने की चाहत- एक विकल्प

"साहस भय का अभाव नहीं, बल्कि भय पर विजय है।"

— नेल्सन मंडेला

जहां कहीं भी झूठ, उत्पीड़न, दबाव, लापरवाही या असंवेदनशीलता देखो, भिड़ जाओ।

ये है असली एडवेंचर जब आप अन्यायी लोगों से भिड़ते हो फिर कुछ जरुरी काम अपने आप होने लगते हैं:

१. आलस भाग जाएगा क्योंकि अब आपको शरीर भी मजबूत रखना है और मन भी।

२. अध्ययन में लग जाओगे क्योंकि अब बारिकियों में जाना पड़ेगा।

३. दोस्त बदल जाएंगे क्योंकि अब झूठे, सतही, मक्कार और डरपोक लोगों से दूर ही रहने का मन करेगा।

४. आवाज़ में मजबूती, दृढ़ता और संकल्प दिखेगा ।

माने जिंदगी में ठसक आ जाएगी, बस आप एक सही दिशा चुन लो जीवन के लिए।

"साहस मनुष्य का सबसे बड़ा गुण है, क्योंकि इसी से बाकी सभी गुण जन्म लेते हैं।"

— अरस्तू

"आप वही बदलाव बनिए जो आप दुनिया में देखना चाहते हैं।"

"किसी के अच्छे कार्य की प्रशंसा करना स्वयं एक महान कार्य है।"

— महात्मा गांधी

कुछ जरूरी बिन्दुः

- ध्यान दें जो भी काम चुनें, उसमे किसी का शोषण न हों|
- कभी ऐसी प्रथाओं का समर्थन न करें, जो मनुष्य की गरिमा का मान न करती हों, इंसान इंसान मे अंतर करती हों, समाज के एक तबके द्वारा दूसरे तबके के शोषण पर आधारित हों
- अनुचित आदतों को समर्थन न दें, श्रम को महत्व दें, ईमानदारी को सुरक्षा दें, खुलकर अपनी असहमति दर्ज करने का माहौल दें|
- किसी शोषित की मदद करना ही भला काम नहीं, उससे भी जरूरी है कि आप देखो कि शोषण क्यों हो रहा? कहीं अंजाने मे आप भी तो ऐसे इंसान के लिए काम नहीं कर रहे जो शोषण की वकालत करता हो, अप्रत्यक्ष रूप से|
- किसी शक्तिशाली इंसान द्वारा किसी कमजोर को अपमानित होते देखकर, केवल बीच बचाव ही न करो, पता करो कि कहीं उस कमजोर इंसान ने क्यों स्वयं ही तो अपने किसी स्वार्थ या डर के चलते अपमानित होने में मूक स्वीकृति दे रखी हो |

- अपना कार्य, ईमानदारी और ज़िम्मेदारी से करें, ताकि उससे किसी को असुविधा न हो|
- अपने काम को बेहतर से बेहतर तरीके से करने का प्रयास करें ताकि आपको अपने काम मे आनंद मिल सके|
- अपने संसाधनो/ धन/ समय का एक हिस्सा परोपकार मे जरूर लगाएँ, आपकी आय कम हो या ज्यादा उसमे दूसरों के लिए कुछ कर पाने की गुंजाइश जरूर रखें, ये न हो कि पूरा वक़्त तथाकथित अपनों के लिए चीज़ें और सुरक्षा खरीदने मे या उसकी तैयारी मे लगा दिया, एक एक दिन को सार्थक करें, जिसमे व्यायाम, अध्ययन, और जरूरतमन्द की मदद जरूर से शामिल हों, आप कितना भी वंचित महसूस कर लें, ऐसे लोग भी हैं जो आपसे भी ज्यादा वंचित हैं, उनके लिए कुछ काम करके, एक जरूरी उदाहरण पेश करें|
- इन छोटी छोटी बातों को जीवन मे उतारकर भी जीवन मे अच्छा किया जा सकता है, अच्छे कार्य और परोपकार का मतलब केवल बड़े बड़े दान करना, मंदिर और अस्पताल बनवाना ही नहीं, नेक कार्य ये भी है कि आप देखो और काम करो कि समाज मे इतना क्रोध, डर, हिंसा और असुरक्षा जनित तनाव और खाने की चीजों मे मिलावट, हवा मे गंदगी क्यों है जो लोग बीमार पड़ रहे|

"महान कार्य करने का एक ही तरीका है — जो आप करते हैं उससे प्रेम करें।"

— स्टीव जॉब्स

20

ठसक वाला जीवन एक समाज सेवा

"सेवा का कार्य छोटा या बड़ा नहीं होता; भावना ही उसे महान बनाती है।"

— विनोबा भावे

समाज सेवा के कई रास्ते हो सकते हैं ऐसा करने के, कुछ आपने सोंचे/देखे होंगे

एक रास्ते की बात मै करना चाहता हूँ, शायद आपको पसंद आ जाये:

एक संयत और ठसक वाला संतुलित जीवन जीकर आप एक आदर्श पेश कर सकते हो

इससे क्या होगा ? इससे ये हो सकता है कि

1.आपके जैसी ही इच्छा रखने वाले लोगों को एक रास्ता मिल जायेगा

2.जब आप एक संयमित और संतुलित जीवन जियेंगे, कसरत, वित्तीय आत्मनिर्भरता और अध्यात्मिक अध्ययन जिसमे शामिल हो

तो मानसिक शांति और उत्कृष्टता हांसिल होगी |

3. ईमानदारी के साथ ठसक (बिना किसी अनुचित दबाव में आये) वाला जीवन जीकर आप एक आदर्श जीवन की मिशाल बन सकते हैं

आपको और आपके जीवन की शांति को देख और लोग भी प्रेरित हो सकते हैं |

4. जब आप अपने जीवन में ईमानदार होते हो माने कथनी और करनी में एक होते हो और अपने हर एक निर्णय के पीछे के केंद्र पर नज़र रखते हो तो उत्कृष्टता आती है जीवन में / कार्यों में जो दूसरों के लिए प्रेरणा बनती है |

इस तरह आपके काम में नए लोगों का साथ भी जुड़ सकता है और अगर लोगों का साथ मिलने में वक़्त भी लगा तो कम से कम आप एक प्रेरणादायक जीवन जी पाओगे और

इतनी संतुष्टि रहेगी की आपने किसी अव्यवस्था को बढ़ाने में सहयोग नहीं किया, बाकि संयोग होते चले गये और जरूरी कौशल विकसित होते गये तो कारवां आगे बढेगा लोग जुड़ते जायेंगे

आखिरकार समाज के लिए काम करना है तो आगे बढ़ते रहेंगे जैसा समाज का साथ मिलेगा वैसी गति रहेगी, किसी भी हालत में एक बेहतर जीवन जीना है जिसका ध्येय उच्च मानक स्थापित करना हो, लोगों का साथ या पहचान मिले या न मिले, हाँ अपने काम को बड़े मंच पर लाकर हम इसे ज्यादा लोगों की नज़र में ला सकते हैं, इससे ज्यादा लोगों का साथ मिलने की गुंजाइश बन जाएगी |

यहाँ पर मै साहिर लुधियानवी साहब की कुछ पंक्तियाँ उद्धृत करना चाहूँगा :

माना कि इस ज़मीं को न गुलज़ार कर सके कुछ ख़ार कम तो कर गए गुज़रे जिधर से हम

21

युवाओं द्वारा आत्महत्या ! एक पड़ताल, एक नजरिया

अभी हाल ही में अपने देश के एक विश्वविद्यालय से दुखी करने वाली खबर आई कि इंजीनियरिंग के पहले वर्ष के एक छात्र ने आत्महत्या कर ली और तथाकथित रूप से उसने अपने स्यूसाइड नोट में इसका कारण अंग्रेजी माध्यम में पढ़ाई के चलते आने वाली दिक्कतों को बताया!

युवा और पढ़ाई, ऐसी ही कुछ खबरें राजस्थान के कोटा से भी आयीं थी कुछ वक़्त पहले कि वहाँ अध्ययनरत कुछ बच्चे पढ़ाई और प्रतियोगी परीक्षाओं के दबाव और सामाजिक दबाव के चलते अवसाद का शिकार हुये और उनमे से कुछ ने आत्महत्या जैसे दुखद कदम उठा लिए |

इन दुखद खबरों के बीच कुछ सवाल हैं, जिन पर मेरी नजर में विचार करना जरूरी हो जाता है हर उस जिम्मेदार इंसान के लिए जो या तो अभिभावक है, या इस देश के भविष्य की चिंता करने वाला नागरिक या खुद कोई युवा, कोई विद्यार्थी |

जीवन की असीम संभावनाओं के बावजूद युवा आत्महत्या जैसे कदम क्यों उठा ले रहे?

उन्हे अपने माता पिता और प्रियजनों की इतनी चिंता तो होती है कि स्यूसाइड नोट छोड़ जाते हैं लेकिन खुद के जीवन से इतना निराश क्यों हो जाते हैं ?

कहीं ऐसा तो नहीं कि दुनिया को इतनी ज्यादा अहमियत दे देते हैं कि उसका सामना नहीं कर पाते ! और स्वयं कि असीम संभावना को भूल जीवन को खत्म कर लेते हैं |

एक चुना हुआ काम अगर नहीं हो पा रहा है तो उसके लिए थोड़ा और समय लिया जा सकता है या फिर उसे छोड़कर दूसरा मुफ़ीद काम चुना जा सकता है जो अपनी क्षमताओं में हो, जिसमे मन लगता हो और इतना मन लगता हो कि कम कमाई मे भी उस काम को करने को तैयार हो जाए मन, कोई ऐसा काम जिससे हम समाज के दुखी , जरूरतमंद के लिए कुछ अच्छा काम कर सकते हैं, लेकिन जीवन खत्म कर सारी संभावनाओं को मार देना कहीं से भी बुद्धिमत्तापूर्ण नहीं |

लोगों के ताने हमें क्यों परेशान करते हैं ?

कहीं ऐसा तो नहीं कि हमने अपनी आज़ादी को चाहने वाली चेतना के बजाय लोगों द्वारा हमे दिये गए सर्टिफिकेट को ज्यादा मान दे दिया है ! हमारे उपनिषद और आध्यात्मिक साहित्य हमसे कहते हैं कि जीवन का मुख्य उद्देश्य है डर, लालच और मोह से मुक्ति है लेकिन ये क्या हमने मुक्ति कि तरफ बढ़ने के बजाय खुद को और ज्यादा बांध लिया लोगों कि हमसे अपेक्षाओं से और लोगों को अधिकार दे दिया कि वो हमारा आंकलन करें सतही चीजों पर !

किसी भी इंसान का आंकलन केवल एक बात पर हो कि उसके जीवन मे सच्चाई का क्या स्थान है, रही बात परीक्षा मे परिणाम कि तो उसमे ये हमारा व्यक्तिगत निर्णय होना चाहिए कि हम अपनी जीविका (जो आत्मनिर्भरता और उत्कृष्टता का साधन है) के लिए कौन सा काम चुनना चाहते हैं, इसमे ये नहीं होना चाहिए कि दुनिया वाले ज्यादा मान किस काम को देते हैं, दुनिया को ज्यादा मान देने से बचो,

दुनिया से सम्मान मांगने के बजाय देखो कि आपका काम क्या आपको उत्कृष्टता कि तरफ बढ़ा पा रहा है, क्या उसमे सच्चाई है ?, क्या उसमे किसी का शोषण तो नहीं ?

इस बड़ी सी दुनिया मे हर तरह के लोग हैं, बाहरी दिखावा देख प्रभावित होने वाले (मोटी बुद्धि के लोग) और आपके काम की उत्कृष्टता और आपके जीवन मे सच्चाई की स्थान देखने वाले गहरी दृष्टि के लोग भी, इसीलिए काम ऐसा चुनिये जिसमे डूबने का दिल करे, जिसे आप कम पैसे या बिना पैसे मिले भी कर सको फिर फर्क ही नहीं पड़ता कि दुनिया वाले तारीफ कर रहे या नहीं, अगर आपका काम वाकई दुनिया के कुछ लोगों के भी काम का है तो आप न भूखे रहोगे और नहीं गुमनाम, काम मे मज़ा आपको आ ही रही, बाकी रही बात अन्य जरूरतों कि तो वो भी पूरी ही जानी है, पहली जरूरत तो उत्कृष्टता और आज़ादी ही है, रोटी कि व्यवस्था हो जाती है अगर आप वो काम कर रहे जो दुनिया के मतलब का है, बाकी उस काम को आप कितना महत्व दिलवा पाते हो ये भी आपकी काबिलियत है |

"**पेशे से बैंककर्मी अंशिड्का शर्मा जी** कहती हैं कि जीवन आपका है इसके इन-चार्ज आप खुद हो, इसे एक उपयोगी काम मे लगाकर खुद को उत्कृष्टता और आत्मनिर्भरता की मंजिल तक ले जाने का जिम्मा आपका है, लोगों के अनावश्यक सवालों के जवाब देने कि जरूरत नहीं, जरूरत है होश मे काम चुनकर उसमे सही मेहनत करने की |"

----------------अंशिड्का शर्मा जी की शैक्षिक पृष्ठभूमि इंजीनियरिंग की है और वह पेशे से बैंककर्मी हैं |

क्या अँग्रेजी वाकई बहुत बड़ी दिक्कत है ?

नहीं, बस जरूरत है इसे समय देकर सीखने की, मेहनत करने की |

अमूमन ऐसा देखा गया है कि बारहवीं तक हिन्दी या अन्य माध्यम के जो बच्चे बारहवीं के बाद अँग्रेजी माध्यम वाले कोर्स मे दाखिला लेते ही अँग्रेजी से आतंकित हो जाते हैं उनकी अँग्रेजी और उस विषय दोनों की समझ उस स्तर कि नहीं होती कि वह विषय वो अँग्रेजी मे समझ सकें इसका एक उपाय ये हो सकता है कि अगर ऐसे बच्चे बारहवीं के बाद अँग्रेजी माध्यम मे पढ़ाई को इच्छुक हैं तो पहले ही अपनी अँग्रेजी पर पकड़ को शॉर्ट स्टोरीज की किताब से और उस विषय की महत्वपूर्ण परिभाषाओं और शब्दों का अँग्रेजी रूपान्तरण साथ मे ही मजबूत करें ताकि बारहवीं के बाद अचानक बोझ न बने और इसके बाद भी अगर

कक्षा मे दिक्कत आए तो अपने शिक्षक को अपनी दिक्कत से अवगत कराएं और उनसे मदद मांगे और शिक्षक भी संवेदनशीलता के साथ इस देश के कर्णधार हमारे युवाओं की दिक्कत को समझते हुये उचित व्यवस्था और उपाय करें, लेकिन किसी भी हालत अँग्रेजी या कोई भी विषय न आने पर खुद को हीन न माने, मै फिर इस बात को दोहराता हूँ कि आपकी महत्ता आपकी विषय विशेषज्ञता से नहीं आपके जीवन मे सच्चाई और आपकी आत्मनिर्भरता से होनी है इसीलिए किसी को अधिकार न दें आपको नीचा या इंफीरियर महसूस करने का जब तक आपके जीवन मे सच्चाई और आत्मनिर्भरता है आप ठसक से सीना तानकर चलिये, अपने पैरों पर खड़े हो सकें इसके लिए कोई काम सीखें, कोई ज्ञान हंसिल करें, परंपरागत या गैर परंपरागत इस नेक काम के लिए किसी कि मदद लेनी पड़े तो संकोच न करें, माता-पिता भी बच्चों को ज्ञानवान और काबिल बनाने के लिए पूरे प्रयत्न करें लेकिन दबाव न बनाए बच्चे पर कोई ऐसा कोर्स करने पर जिसमे उसे रुचि न हो, जो कुछ अभिभावक जानते हैं वो बच्चे को जरूर बताएं, फायदे नुकसान, तथ्यों के साथ और इस तरह मदद करें उसकी सही डिसीजन लेने मे और रखें गुंजाइश इस बात की कि उनका बच्चा अपनी असहजता पर खुलकर बोल सके,

ऐसा माहौल बिलकुल न बनाएँ कि उसे अपना डिस कम्फर्ट व्यक्त करने मे संकोच हो, बच्चे को बोल दें कि अपना डिस कम्फर्ट या असहजता व्यक्त करना उसका अधिकार है |

"हमें लोगों की नजर में नहीं स्वयं कि नज़र मे ऊंचा उठने की जरूरत है सच्चाई और एक सीमा के बाद के आत्मनिर्भरता लाकर "

"लोग तो अपनी जरूरत और मूड के हिसाब से मान देते हैं ऐसे मान को मान नहीं भी दोगे तो चलेगा लेकिन जीवन मे ईमानदारी रखना, न स्वयं से और न ही दूसरों से कोई झूठ, सच बोलिए चीजों को बेहतर व्यक्त करना सीखिये अभ्यास और विश्लेषण से |"

क्या हम जानते भी हैं खुद को ?

हम सबके भीतर दिव्यता है अपने काम मे उत्कृष्टता लाकर उसे मैनीफेस्ट कीजिये, "जो आनंद काम को बेहतर तरीके से करने, और

तकलीफ मे या वाकई के जरूरतमंद जीव की मदद मे है वो बड़े बड़े मनोरंजन मे नहीं |"

"जो एडवेंचर सच्चाई के लिए काम करने मे हैं वो बड़े बड़े एडवेंचर गेम्स मे नहीं |"

क्या हम बच्चों को शुरूआत से ऐसा माहौल और समझ दे पा रहे हैं जिससे कि अफसोस करने की स्थितियां कम से कम बने

जीवन मे अफसोस कि सिचुएशन से बचा जा सकता है पहला तो चीजों को गहराई मे समझ कर और खुद के लिए कुछ भी चुनने से पहले दूसरों की नकल करने के बजाय पहले खुद को फिर खुद कि असली जरूरतों को जानकार और निर्णय के आधार मे सच्चाई को रखकर नकि कोई डर या लालच को रखकर |

जब जरूरत हो कोई इंसान चुनने कि तब उस इंसान से जीवन कि गहराई पर बात कर लें, अगर उस इंसान मे जीवन को गहराई से समझने का रुझान होगा तो वो आपके साथ रिश्ते मे भी गहराई ल पाएगा/पाएगी |

युवा आत्महत्या क्यों करते है? इस पर सौम्या जी के विचार और अवलोकन इस विषय पर और गहराई देने वाले हैं :

उनके शब्दों मे :

मुझे इसका एक कारण, जो बहुत बड़ा कारण लगता है वो है, 'पैरेंटिंग' । क्योंकि बच्चों के दिमाग में क्या जा रहा है और इस समाज को वो किस नजरिए से देखते है वो बहुत हद तक परवरिश पर निर्भर करता है।

दूसरा प्रमुख कारण है **हमारे संस्कार या** Value System, आज अगर देखा जाए तो एकल परिवार है, इसीलिए जो नैतिक मूल्यों को और समझ को परिपक्व करने वाली हमारे सच्चे आदर्शों की कहानियाँ उन तक पहले आसानी से पहुँच सकती थी उनके लिए हमे अलग से प्रयास करना होगा। आज के समय मे जब माता-पिता दोनों ही प्रत्यक्ष रूप मे राष्ट्रनिर्माण मे योगदान दे रहें है, इस परिस्थिति मे एक और परीक्षा है माता पिता के सामने कि अपनी व्यावसायिक जीवन के साथ सामंजस्य बिठाते हुये अपने बड़े होते बच्चों के भावनात्मक बदलाव को समुचित तरीके से देख पाएँ और उन्हे सही समझ देकर हर चुनौती के लिए तैयार

कर पाएँ, इसके लिए जरूरी है कि वो अपने घरों मे जरूरी साहित्य रखें, माने जीवन और दुनिया की समझ पर आधारित जीवनियाँ, कहानियाँ, निबंध, उपन्यास और कविताओं के साथ आध्यात्मिक निबंध और लेख, जिन्हे माता पिता पहले खुद पढ़ें और फिर बच्चों को प्रोत्साहित करें और नियमित इस पर चर्चा करें अगर ऐसा न किया जा सका तो इस मोबाइल जैसी शक्ति जो विनाशक भी हो सकती है, उनके हाथ में तो रहेगी लेकिन उसका इस्तेमाल कैसे करना है उसमे क्या देखना है और किस चीज़ से बचना है इसकी समझ उनमे न होगी और फिर उनके भटकने की और अनुचित प्रभावों और प्रचारों मे फँसने की संभावनाएं बढ़ जाएंगी |

तीसरा प्रमुख कारण है बढ़ता भौतिकवाद -> ऐसा देखने को मिला है कि कुछ लोगों द्वारा आज संतोष और शांति जैसे मूल्यों को बहुत नकारात्मकता के साथ लिया जाता है, और ऐसे लोगों को संख्या संक्रामक रोग की तरह तेजी से बढ़ रही है। अगर हम अपनी सच्ची जरूरतों की बात करे तो वो है रोटी, कपड़ा, मकान, ज्ञान (इंटरनेट/ किताबें)। इन जरूरतों के लिए हमें करोड़ो - लाखों के पैकेज की जरूरत नहीं होती। हाँ लेकिन अगर आप इतने महत्वाकांक्षी हैं कि स्वयं की आज़ादी और जीवन मे सच्चाई से ज्यादा बाहरी सम्मान को ही सब कुछ समझते हैं तो ये अवसाद का एक कारण बन जाता है। अन्यथा भारतीय चेतना हमेशा से ही इतना चाहती है कि आत्मनिर्भता, सचाई और ईमानदारी बनी रहे जीवन मे और हम अच्छे से जीवन यापन कर सके।

"हमें बाजारवाद, वाणिज्यवाद में फंसाया जाता है और दुर्भाग्य ये है कि हम फंसते है।"

चौथा कारण अपनी जड़ों से अलग होना - धर्म व अध्यात्म हमारी जड़ें है। अगर हम एक बार सच्चे धर्म व अध्यात्म को समझ ले तो जिंदगी सिर्फ आसान नहीं होगी बल्कि आप लोगों को और उससे पहले स्वयं को जान सकेंगे और इस समाज के लिए कुछ कर सकेंगे जो लोगों के जीवन मे आत्मनिर्भरता और समृद्धता ला सके उन्हे संवेदनशील बना सकें

ऐसा होने का कारण क्या हो सकते हैं ? आइये प्रयास करते हैं जानने का :

आज के संदर्भ में कहीं इसका सबसे बड़ा कारण हमारे हाथ में छोटी सी device मोबाइल का होना और फिर इस पर अत्यधिक निर्भरता तो नहीं ? इसी मोबाइल की वजह से आज न हमारे पास अपने साथ के लोगों के साथ बैठ चर्चा का समय है और न ही चीजों को सूक्ष्मता मे देख पाने का धैर्य, बस लगें हैं सतही मनोरंजन मे और उस ज्ञान को पाने मे जो चार लोगों के बीच शेखी बघारने मे तो काम आ सकता है लेकिन असल जीवन और कार्यक्षेत्र मे किसी काम का नहीं | नतीजा ये कि जब उच्च साहित्य से संपर्क नहीं रहा तो हमारी संवेदनशीलता भी कम हो गयी और हम दूसरों की तकलीफ के प्रति कम संवेदनशील हो गए इसीलिए उन्हे हल करने के प्रयास भी कम हो गए और दूसरों कि तकलीफ कम करके जो आनंद मिलता है उससे भी हम अछूते रह गए, पास क्या रह गया उथला मनोरंजन !

आज न जाने कितनी बीमारियाँ हद से ज्यादा स्क्रीन टाइम से हो रही और हम है कि Reels scrolling मे लगें, ये तक नहीं पता कि हम ढूंढ क्या रहे हैं उनमे, कारण ? जीवन मे उत्कृष्टता कि चाह न रहना इसीलिए काम मे जी न लगना और खुद को शांत करने के लिए सतही मनोरंजन और नशा की शरण लेना

इस समस्या का एक हल ये हो सकता है कि युवाओं के महान लोगों कि जीवनियां पढ़वाई जाएँ जिसके दो फायदे होंगे पहला ये कि वो इन महान लोगो की तकलीफ़ों से परिचित होंगे और ये जान पाएंगे कि इनकी तकलीफ़ें कितनी कम या छोटी हैं उन तकलीफ़ों और कठिनाइयों से जो महान लोगों ने झेली |

दूसरा ये कि वो ये जान पाएंगे कि जीवन का असली और टिकाऊ आनंद है अपने काम की उत्कृष्टता और जरूरतमंद लोगों के लिए काम करना है, लोगों का जीवन आसान और सुविधाजनक हो सके इसके लिए काम करने मे, लोगों के जीवन मे गरिमा, बंधुता और आत्मनिर्भरता के लिए काम करने मे है |

एक बात और जो समझनी बहुत जरूरी है वो है कि आजकल के जीवन में बाजारवाद और वाणिज्यवाद के कई नुकसान हैं:

बाजारवाद और वाणिज्यवाद आजकल के जीवन में कई तरह के नुकसान लाते हैं। ये हमें भौतिक सुखों के पीछे भागने के लिए प्रेरित करते हैं, जिससे हम अपनी असली ज़रूरतों और मूल्यों से दूर हो जाते हैं। अस्वस्थ प्रतिस्पर्धा और असमानता बढ़ती है, जिससे सामाजिक तनाव और असंतोष पैदा होता है। इसके अलावा, ये हमारी मानसिक और शारीरिक स्वास्थ्य पर भी बुरा असर डालते हैं, क्योंकि हम लगातार दूसरों से तुलना करते रहते हैं और तनाव में जीते हैं।

मोबाइल फोन के अत्यधिक उपयोग के कुछ अन्य नकारात्मक प्रभाव:

मोबाइल फोन का अत्यधिक उपयोग कई नकारात्मक प्रभाव डालता है। यह हमारी नींद को बाधित करता है, जिससे थकान और एकाग्रता की कमी होती है। सोशल मीडिया और अन्य ऐप्स पर लगातार लगे रहने से हमारा ध्यान भटकता है और हम वास्तविक दुनिया से कट जाते हैं। शारीरिक निष्क्रियता और आंखों की समस्याएँ भी बढ़ती हैं। इसके अलावा, मोबाइल फोन की लत हमें सामाजिक रूप से अलग कर सकती है और हमारी अन्य लोगों के साथ तालमेल बैठा पाने कि क्षमता को प्रभावित कर सकती है जिससे तनाव आ सकता है जो हमारे सोंचने समझने की क्षमता ओर नकारात्मक प्रभाव डालता है और हम घातक कदम उठाने कि तरफ बढ़ सकते हैं |

अपने जीवन में आध्यात्मिकता को उचित महत्व न देना भी ज़्यादातर मानवीय समस्याओं की जड़ है :

आध्यात्मिकता हमारे जीवन में बहुत महत्वपूर्ण भूमिका निभाती है। यह हमें आंतरिक शांति, संतोष और उद्देश्य की भावना प्रदान करती है। यह हमें तनाव और चिंता से दूर रहने में मदद करता है, जिससे हमारी मानसिक स्वास्थ्य बेहतर होता है। आध्यात्मिकता हमें नैतिक मूल्यों और सही-गलत की समझ देती है, जिससे हम बेहतर इंसान बनते हैं। यह हमें दूसरों के प्रति सहानुभूति और दयालुता विकसित करने में भी मदद करता है, जिससे सामाजिक संबंध मजबूत होते हैं।

हम और क्या - क्या कर सकते हैं एक सफल और सार्थक जीवन के लिए ? आइये विचार करते हैं :

आप एक बार अपना सच्चा विश्लेषण कीजिए कि आपके हाथों में मोबाइल है ? या आप मोबाइल के हाथों में है ?आप 24 घंटे के लिए अपना मोवाइल Switch off करके रख दीजिए और उस समय अपने मस्तिष्क पर प्रभाव का विश्लेषण कीजिए।

दयानंद सरस्वती ने कहा था 'वेदों की और लौटो', आप सीधे वेद नहीं पढ़ पा रहे तो कम से कम अन्य सरलीकृत आध्यात्मिक साहित्य से (गायत्री परिवार वैबसाइट लिंक) अध्यात्म को जान लीजिए। इंटरनेट पर ब्रम्हाकुमारी, गायत्री परिवार जैसे बहुत से संस्थानों के प्रोग्राम आते है, आप उनसे सीख सकते है।

आप महात्वाकांक्षी बनिए। लेकिन टार्गेट मे इस दुनिया की किसी चीज के बजाय सबसे पहले उत्कृष्टता, ईमानदारी और आत्मनिर्भरता को रखिए, इतना कर लेने के बाद आपको एहसास हो जाएगा कि दुनिया मे ऐसा बहुत कुछ या कहिए ज़्यादातर चीज़ें ऐसी हैं जिनको टैस्ट करने या हांसिल करने की बिलकुल भी जरूरत नहीं हैं |

"इंसान की ज़्यादातर परेशानियों का कारण ही उन चीजों को चाहना है जिसकी उसे बिलकुल भी जरूरत नहीं है- आचार्य प्रशांत "

न ही जरूरत से ज्यादा पाने की आशा रखिए। महत्व देना है तो चेतना को दीजिए, शरीर को नहीं। जरूरी नहीं है कि बाजारवाद के नाम पर आपको जो परोसा जाए वो सब आप कंज्यूम ही कर लें |

अपनी दृष्टि को विस्तार दीजिए। दुनिया को सिर्फ अपने चश्मे से मत देखिए। अच्छा साहित्य पढ़िये , महान् व्यक्तित्वों के बारे में पढ़िए । अपने से कमतर जीवन जीने वाले लोगों के विषय में सोचिए। उनके लिए कुछ कीजिए। मदद हमेशा धन से नहीं होती। कभी-2 प्यारे-मीठे बोल धन से ज्यादा कारगर होते हैं। पहले खुद से, फिर अपनों से और फिर समाज से आप कुछ अच्छा करने का वादा कीजिए। और इस सच्चे उद्देश्य के लिए लग जाइए।

"मुझे व्यक्तिगत रूप से लगता है कि इस दुनिया का सबसे बड़ा सुख किसी की मदद करके ही मिल सकता है और इससे आप किसी भी

अवसाद से पार पा सकते हैं।"

प्यारे और मीठे बोल हमें दूसरों के साथ बेहतर संबंध बनाने और सकारात्मक वातावरण बनाने में मदद करता है।

दूसरों की मदद करने से हमें खुशी मिलती है और हम अपने जीवन को सार्थक बना सकते हैं।

मेरा मानना है कि हम दूसरों की मदद करके अवसाद से पार पा सकते हैं। दूसरों की मदद करने से हमें सकारात्मक भावनाएं मिलती हैं और हम अपने जीवन में एक उद्देश्य प्राप्त करते हैं, जिससे अवसाद कम होता है।

इस आशा के साथ कि यह लेख पाठकों को स्पष्टता देगा|

बातों को तर्क और व्यावहारिकता की कसौटी पर परखें और संतुष्ट होने पर ही लागू करें |

22

उपदेशक के सहारे हैं?, जरूरत क्यों?

आजकल एक बात बहुतायत मे देखने को आ रही है कि समाज के ज़्यादातर वर्ग अपनी पसंद के किसी उपदेशक को इतना मान दे रहे हैं कि उसकी बे सिर पैर की अंधविश्वास फैलाने वाली बातों को भी आँख मूंदकर मान ले रहे हैं, ऐसा अमूमन किसी इंसान को उसकी बात से ज्यादा उसके होने को महत्व दे देने से है, इसमे व्यक्तिगत और सतही स्वार्थ हो सकता है लेकिन लंबे समय अंतराल मे यह आदत इंसान की विवेचन क्षमता पर नकारात्मक असर डालने वाली साबित हो सकती है|, यह देखना हास्यपाद है कि कुछ लोग तो सत्संग मे भी जीवन की गहराई जानने और उसकी सच्चाई जानने के बजाय हँसाने वाली और मन को अच्छी लागने वाली या अहंकार पुष्ट करने वाली बात सुनने जाते हैं

> *"आज किसी उपदेशक की बात सही हो सकती है, कल उसकी बात अतार्किक और सतही भीहो सकती है इसीलिए किसी भी उपदेशक की बात तब ही तक सुननी और माननी है जब तक उसकी बातों में सत्य, तर्क और व्यावहारिकताहै जोकि प्राणियों की गरिमा और उन्नयन की संवाहक/ सरंक्षक होतीहै|"*

ऐसा देखा जा रहा है कि कुछ उपदेशक सेलेब्रिटी बन जा रहे हैं, यहाँ तक तो तब भी ठीक है लेकिन वो पल चिंता पैदा करने वाला है जब ऐसा देखा जाता है कि लोगों को लगता है कि अमुक उपदेशक को अगर सामने से देख लिया तो जीवन बन जाएगा और वो उसके भक्त बन जा रहे हैं, मुझे व्यक्तिगत रूप से यही लगता है कि अगर कोई तार्किक उपदेशक मिल गया है तो उसके प्रवचन सुनकर खुद को और तार्किक व समझदार बनाओ उनकी बातों को जीवन मे प्रयुक्त करो लेकिन अच्छे से टटोलकर क्योंकि अच्छा लगना और वास्तव मे अच्छा होना, दोनों मे अंतर है और तो ये तो कभी न सोंचो कि अमुक उपदेशक के सामने बैठ जाने से सब दुख दूर हो जाएंगे या कोई चमत्कार हो जाएगा|

> *"संयोग होते हैं सुखद भी और दुखद भी, आपके जीवन मे भी हो सकते हैं, मानसिक रूप से तैयार रहिए सामना करने को, इस दुनिया मे बहुत कम चीज़ें हैं जिनका आप श्रेय ले सकते हैं या जिन्हे आप नियंत्रित कर सकतेहैं|"*

सच्चाई का जीवनजीना है और सच्चाई की कमाईपर ही निर्वाह करना है, शरीर स्वस्थ रहे इसके प्रयास करने हैं और चेतना उठती रहे इसके लिए नियमित अध्ययन करना है, खुद की काबिलियत बढ़ाते हुये खुद को रचनात्मक कार्यों मे लगते हुये बिना डर औए बिना लालच वाला जीवन जीना है, फिर जो होगा देखा जाएगा ऐसा संकल्प करके चलना है, *"अशुभ कल्पनाएं उन्हे ही परेशान करती हैं जो यह सोंचते हैं कि सब कुछ अच्छा ही हो उनके साथ"*लेकिन मेरा व्यक्तिगत रूप से मानना है हमारे बस मे आज को अच्छे से जीना है और ये संकल्प रखना कि कैसी भी परिस्थिति आ जाए सच और आत्मनिर्भरता का जीवन जीने के सारे प्रयास करने हैं हर हालत मे, "सही प्रयास अपने आपमे में ही जीत है |"

जितने भी महान उपदेशक/शिक्षक/संत/महात्मा हुये हैं सबके उपदेश मे एक बात साझी रही है कि अपने कार्यों के केंद्र मे आत्मवलोकन, जगभलाई, आत्मनिर्भरता और सच्चाई रखिए | लेकिन होता क्या है कि हम इन महान लोगों के बताए रास्ते पर चलने के प्रयत्न

करने के बजाय इनकी पूजा करने लगते हैंइस उम्मीद मे कि इनकी पूजा कर लेने भर से हमारी इच्छाएं पूरी हो जाएंगी और जिंदगी बिना किसी कष्ट के कटती रहेगी|

प्रतीकों का सम्मान जरूरी है लेकिन इसके साथ उनकी बातों को अमल मे लाने के सच्चे प्रयास भी किए जाएँ तब ही आराधना / साधना सार्थक मानी जाएगी

पुस्तकालय का रुख करें और समर्थ बनें

23

कठिन परिस्थितियों में चीजों की परीक्षा

जैसे कई कड़ियों वाली एक सीकड़ की मजबूती या कमजोरी का एहसास उस वक़्त होता है जब उससे एक वजनदार चीज़ लटकाई जाती है, यहाँ पर एक बात ध्यान देने वाली है कि कोई chain उतनी ही मजबूत मानी जाती है जितनी कि उसकी सबसे कमजोर कड़ी |

इस संसार और तंत्र की व्यवस्था मे जो खामियाँ हैं ये उन लोगों को पहले दिखती हैं जो इनसे दो चार होते होते हैं, या जिनका कठिन समय चल रहा होता है| वहीं जिनका समय सुखद चल रहा होता है उन्हे लगता है कि सब कुछ सही चल रहा है, सब चंगा सी |

उदाहरण के लिए दहेज व्यवस्था से ऐसे लोगों को बिलकुल भी परहेज नही दिखता जिनके पास खूब पैसा है, इस प्रथा कि मार तो वो झेलता है जिसके पास रोटी कपड़े भर की ही कमाई बड़ी मुश्किल से हो पाती है, ऐसा इंसान एक तनाव मे रहता है और फिर हम शिकायत करते हैं कि लोग प्रेम से क्यों नहीं बात करते !

पहले तो इंसान ऊपरी मानक यथा, शक्ल, पहनावा और दिखावा देखकर रिश्ता बनाता है, दुख कि घड़ी मे जब साथ नहीं मिलता तो कहता कि लोग बड़े मतलबी हैं लेकिन कम ही हैं वो लोग जो अपनी पसंद के आधार को टटोलते हैं|

"एक दूसरे को खुश रखने और रिश्ते को बनाए रखने के लिए लोग खूब एक दूसरे कि हाँ मे हाँ मे मिलाते हैं और गलत बातों का भी समर्थन कर देते हैं और इस आदत को वो समझदारी और आज के समय की जरूरत बोलते हैं लेकिन जब उन्हे लंबे वक़्त तक कोई झूठ के अंधेरे मे रखे तब उन्हे इस सिस्टम की खामी नज़र आती है और वो कहते हैं की लोग बड़े झूठे हैं!"

किसी भी समस्या कि सबसे बड़ी मार हमेशा कमजोर तबके के लोगों को ही पड़ती है, जलवायु परिवर्तन के चलते गर्मी का प्रकोप सबसे ज्यादा धूप मे काम करने वाले लोगों को पड़ता है न कि उन्हे जिनके घर भी वातानुकूलित हैं, घर के बाहर कार, कार्यालय और रेस्तरां भी |

उद्दहरण बहुत से हैं खुद का अवलोकन करने की जरूरत हैं, खुद पर नज़र रखने की जरूरत है कि हम कहाँ पर झूठ बोल रहे हैं ?

लवकुश कुमार

24

कितनों को प्रोत्साहित किया आपने ? और आपको ?

"“प्रशंसा एक टॉनिक है; यह मनुष्य की ऊर्जा और उत्साह को बढ़ा देती है।”
— डेल कार्नेगी"

अपने पुराने दिनो की बात याद करूँ तो एक दिन की बात है कि मेरे मामाजी जोकि वन विभाग मे अधिकारी थे उस समय, हमारे घर आए हुये थे अपने कुछ सहकर्मियों के साथ उस वक़्त मै ग्यारहवीं मे था, क्योंकि मेरे माता पिता सम्मान करते थे मामा जी का तो, उनकी बात का बड़ा महत्व था मेरे लिए या कह लीजिये कि मै अपने माता-पिता के चश्मे से देखता था लोगों को, जैसा कि ज़्यादातर बच्चे करते हैं, मुद्दे की बात पर आता हूँ, हुआ ये कि मैंने भौतिकी (वही विषय जिसमे मैंने बाद मे परास्नातक किया) के ग्यारहवीं और बारहवीं दोनों (जी हाँ उस काल मे बोर्ड परीक्षा मे ग्यारहवीं और बारहवीं दोनों का पाठ्यक्रम आता था) के सूत्र को दो बड़े से चार्ट्स पर स्केच पेन से लिखकर बैठक की दीवार पर

लगा रखे थे, वही मेरे बैठने कि जगह थी,

जैसे ही मेरे मामा के सहकर्मी ने मेरे चार्ट्स पर कुछ टिप्पड़ी की, मेरे मामा ने तुरंत ये बात कही कि ये लड़का आगे चलकर आईएएस बनेगा, उस वक़्त मै आईएएस के बारे मे इतना जानता था कि ये उच्च स्तर कि प्रतियोगी परीक्षा से बनते हैं, वैसे मेरा उस वक़्त आईएएस बनने के लिए पढ़ाई करने का कोई इरादा न था लेकिन क्योंकी बड़े मामा ने ये बात कही तो मै अपनी क्षमताओं को लेकर आश्वस्त हो गया कि मतलब दम और बुद्धि है मुझमे वैसी, हालांकि मै आईएएस तो नहीं बना लेकिन उस बढ़े हुये आत्मविश्वास के चलते अपना बेस्ट दे पाया हर उस काम मे जो मैंने अपने हांथ मे उठाया, बाकी चीज़ें तो समय और परिस्थिति पर निर्भर करती हैं लेकिन "अपनी क्षमताओं पर विश्वास हों बहुत जरूरी है अपना बेस्ट दे पाने और फोकस होकर काम कर पाने के लिए" |

ऐसे ही मेरे पापा के फुफेरे भाई जोकि एक बैंक मे प्रबन्धक थे मेरी नज़र मे सम्माननीय हैसियत रखते थे ने मेरे दसवीं के परीक्षा परिणाम को देखा और, मुझसे देश की आईआईटीज पर बात कर रहे थे उस एक पल ने भी मुझे अपनी क्षमताओं और योग्यताओं पर विश्वास दिलाया था हालांकि नीव बढ़िया न हो पाने और अन्य परिस्थितियाँ अनुकूल न होने के चलते मै ग्रेजुएशन के लिए आईआई टी मे प्रवेश न पा सका और बाद मे पोस्ट ग्रेजुएशन के लिए आईआई दिल्ली मे प्रवेश सुनिश्चित किया, ताऊ जी ने जो लायक होने का इशारा दिया उसने भरपूर रोल अदा किया |

ऐसे ही हमारे मुहल्ले के एक पत्रकार ताऊ जी ने मेरे दसवीं के रिज़ल्ट पर जो पूछताछ की थी मुझसे कि मै खुद को आम से खासबेहतर मानने लगा था |

"बाल मन ठहरा, बचपन मे रिज़ल्ट के साथ मिली एक प्लेट भी बहुत मायने रखती थी, पुरस्कार तो प्रतीक होते हैं उनका आकार और कीमत मायने नहीं रखती |"

"यहाँ एक बात पाठकों के मन मे आ सकती है कि क्या सारा आत्मविश्वास दूसरों के बताने पर ही आया कि कुछ खुद का भी था, मै बताए देता हूँ कि खुद से भी विश्वास था कि जब मै पुस्तक के प्रश्न हल कर ले रहा हूँ या बीएचयू मे आए हुये पिछले साल के पेपर सॉल्व कर ले रहा हूँ तो असल परीक्षा मे तो अच्छा करूंगा ही, और साथ मे मुझे अपने नियमित अभ्यास पर भी भरोसा था, लेकिन जब बड़े तारीफ करते हैं तो आश्वस्त हो जाते हैं आप क्योंकि आप कहीं भी रहो एक दो लोग ऐसे जरूर मिल जाते हैं जो छोटी छोटी सतही चीजों पर आपको नीचा महसूस कराते हैं और आत्मविश्वास को तोड़ने का प्रयास करते हैं, मेरे आस पास भी कुछ ऐसे लोग थे जो मुझे नीचा दिखाया करते थे केवल इस बात के लिए कि मै अपने पापा के काम मे हांथ बंटाने और स्कूल कोचिंग के अलावा दुनियादारी के बाकी पचड़ों मे इंटरेस्ट नहीं लेता था, भला ये भी कोई नीचा दिखाने की बात हुयी ! हाहाहाहा !"

ऐसे ही एक बार अँग्रेजी के शिक्षक ने कहा था कि लवकुश तुम पत्रकार बन सकते हो छोटी सी बात को डीटेल मे लिख देते हो, back in the mind उनकी वो बात है कहीं |

मेरे एक करीबी दोस्त शुभांशु भाई के वहाँ जब भी जाना होता था तो उनके घर मे सब लोग बड़े आत्मीय तरीके से मिलते थे चाहे वो अंकल-आंटी लोग हों या दीदी लोग, अंकल पोस्ट ऑफिस मे अकाउंटेंट थे और मै अपने दोस्त और दीदी लोगों की समझ से हमेशा प्रभावित रहा, नतीजा उनका भी मुझे मान देना मेरी सेल्फ स्टीम को बढ़ाता रहा , इन मुलाकातों और रेकोग्निसन का अमूल्य योगदान होता है मेरे जैसे किसी भी इंसान के जीवन मे |

सरकारी सेवा मे शामिल होने पर पहली तैनाती सिक्किम जैसे खूबसूरत प्रदेश मे हुयी वहाँ सर्विस के शुरुआती दिनो मे ही प्रभारी विज्ञानी द्वारा मेरे हर रिपोर्ट मे डिटेल्स को शामिल करने कि आदत को सराहा गया और मैंने और अधिक मन (माने ज्यादा समर्पण भाव से) से अपना काम किया और प्रयास किया लोग मुझे मेरे व्यवहार से बाद मे मुझे मेरे काम से पहले याद रखें|

मेरे बाबा को भी मेरी पढ़ाई पर गर्व था और वो इसे व्यक्त भी करते थे नतीजा यही हुआ कि जो कुछ पाया और सीखा हूँ अपनी पढ़ाई के बल पर, ये आत्मनिर्भर जीवन भी, मेरी लाइफलाइन रहा है बड़ों से मिला प्रोत्साहन, सबको प्रणाम इस नेक कार्य के लिए जिसमे ज्यादा समय न लगा बस लगा तो दया के भाव से किसी के प्रयासों को देखना, आप जरूर प्रोत्साहित करें लोगों को उनके अच्छी नियत से किए गए कार्यों के लिए |

संस्कृत मे परास्नातक और शादी के बाद, हिन्दी मे परास्नातक कर रही आरती जी अपने बचपन को याद करती हुयी कहती हैं कि जब वो पढ़ने बैठती थीं तो उनकी लगन देखकर उनके पिता जी उन्हे शाबाशी देते और कहते कि तुम अच्छा करोगी और प्रोत्साहन के तौर पर क्लास से पहले ही काफी कुछ पढ़ा देते थे जिसने उन्हे और अधिक प्रोत्साहित किया पढ़ने को और हमेशा एक कदम आगे रहने के प्रयास को |

प्रशंसा के कमाल के संबंध मे मेरी वैबसाइट से जुड़ी हुयी कवयित्री, "सौम्या जी" अपने अनुभव याद करते हुये कहती हैं कि

बचपन से ही मेरी पढाई को लेकर बहुत प्रशंसा हुई और मेरी मौसी, मेरे मामा और टीचर तक मेरी बहुत तारीफ करते थे क्योंकि टीचर्स के अथक प्रयास (जिसमे मुझे मार भी खानी पड़ी हाहाहा !) मेरी Maths बहुत अच्छी हो गई थी।

मुझे भजन, सोहना देवीगीत, जिसे लोकगीत कहते है भी अच्छे से आते थे, मेरे भजन के कारण मेरी नानी और चाची, ताई ने भी बहुत तारीफ की।

एक तारीफ जिसका मेरे जीवन में बहुत ज्यादा महत्व है, मैं डा. विजय अग्रवाल सर के भेजे आर्टिकल को सारांश में बदलती हूँ, उन्होंने मुझे ये ये काम सौंपा उसके एक साल बाद तक मैं उनसे डांट सुनती रही क्योंकि मेरी हिंदी भाषा और आर्टिकल लिखने की शैली स्तरीय नहीं थी। वो मेरे लिए Best teacher है उन्होंने भले डांटकर ही सही पर मुझे बहुत

सिखाया, उन्होंने छोटी होली के दिन मेरे आर्टिकल पर "Excellent, इतना भेजा। Keep it up your hard work" पूरे तीन दिन होली में मैं भले ही दोस्तों से न मिल पायी, घर मे ही रही लेकिन सर की इतनी लाइन ही मेरी होली को खुशनुमा बनाने के लिए काफी थी क्योंकि आप जब खुश होते है तो खुश रहने के रास्ते बाहर नहीं खोजने पड़ते, बस अंदर ही आपके काम को लेकर खुशी आपको ऊर्जा देती रहती है

मैंने अपनी लेखनी को विकसित करने के लिए डॉ विजय अग्रवाल सर के भेजे गए लेखों को सारांशित किया, इसका फायदा मुझे आज तक मिल रहा है|

सौम्या जी आगे याद करती हुयी लिखती हैं कि एक प्रशंसा और आशीर्वाद जिसने उनके जीवन को बदल दिया, उनके शब्दों मे

" एक बार मैंने प्रीति मैम को अपनी इच्छा को बताने के लिए एक कविता भेजी और उन्होने वो कविता अपने दोस्तों भी भेजी, जिसके लिए मुझे ma'am की, सर की और उनके दोस्तों कि तरफ से खूब तारीफ मिली और मैंने उसके बाद अपने कविता लेखन को और बल दिया,

ma'am मुझे पहले सिखाती है, न सीखने पर डांटती है, और फिर सीख लेने पर प्रशंसा भी करती है, इस प्रशंसा को पाने के लिए मुझे हमेशा आत्मसुधार, आत्मचिंतन व मनन पर ध्यान देना होता है, जिससे बहुत सुधार हुआ है।

मेरी हिंदी व्याकरण की गलतियाँ, DP बनाते समय होने वाली गलतियाँ, यहाँ तक की मेरी सोच की सकारात्मकता के लिए सबसे ज्यादा योगदान उनका रहा है।

सौम्या जी इस बात पर ज़ोर देती हैं कि

> *""प्रशंसा हमेशा सच्ची होनी चाहिए, सही काम के लिए होनी चाहिए। प्रशंसा से आत्म बल बढ़ना चाहिए पर प्रशंसा की चाह एक आदत नहीं होनी चाहिए। अगर आप कोई ऐसा काम कर रहे है जो बहुत जरूरी है और उसके लिए आपका अंतर्मन आपसे कह रहा हो तो उसे कोई भी प्रसंशा न मिलने पर भी करना चाहिए बस आपका काम समाज के हित में*

हो।"”

“सच्ची प्रशंसा मनुष्य के भीतर छिपी श्रेष्ठता को जगाती है।”
— राल्फ वाल्डो इमर्सन

बी आर चोपड़ा, महान फिल्म निर्माता और निर्देशक

25

प्रशंसा एक टॉनिक

जैसा कि आपने पिछले अध्याय मे सौम्या जी के विचार और अनुभव पढे, इनकी एक कविता भी है प्रशंसा को लेकर जिसके माध्यम से इन्होने कई लोगों की आवाज को हम तक पहुंचाया है :

समाज के पैमाने पर
सुंदरता की प्रशंसा पाने के लिए
मैंने बहुत इच्छा की
पर समाज को चाहिए
गोरा रंग, आकर्षक काया
इसीलिए कभी वो प्रशंसा
मैं पा न सकीं
फिर खुद को देखा मैंने
खुद को संवारने की कोशिश छोड़कर
ज्ञान पाने के लिए प्रयास किए
छोड़ दी अपेक्षाएं उसकी प्रशंसा पाने की
जो समय के साथ चला जाना है
फिर पाया सच्चा ज्ञान और मिली सच्ची प्रशंसा
जो शरीर की नहीं, थी मन की, ज्ञान की,
समाज के द्वारा नहीं, कुछ सच्चे लोगों से,
जो समझते है भौतिकता से आगे की बातें।

26

मानव व्यवहार और समाज

किसी को अनुदान देने से, उसके काम मे हाथ बँटाना बेहतर है

फुर्तीला किन्तु संतुलित व्यक्ति ही दौड़ मे विजयी होता है |

किसी संस्था का चरित्र चित्रण, उसके नेतृत्व मे प्रतिबिम्बित होता है |

जो बदलाव आप दूसरों मे देखना चाहते हैं- पहले स्वयं मे लाइये – गांधी जी

अधिकार (सत्ता) बढने के साथ उत्तरदायित्व भी बढ़ जाता है |

शब्द दो-धारी तलवार से अधिक तीक्ष्ण होते हैं |

आवश्यकता लोभ की जननी है तथा लोभ का आधिक्य नस्लें बर्बाद करता है |

स्त्री पुरुषों के समान सरोकारों को शामिल किए बिना विकास संकटग्रस्त है |

राष्ट्र के भाग्य निर्माण का स्वरूप-निर्माण उसकी कक्षाओं मे होता है |

हम मानवीय नियमों का तो साहसपूर्वक सामना कर सकते हैं, परंतु प्रकृतिक नियमों का प्रतिरोध नहीं कर सकते |

अतीत' मानवीय चेतना तथा मूल्यों का स्थायी आयाम है

एक अच्छा जीवन प्रेम से प्रेरित तथा ज्ञान से संचालित होता है

कहीं पर भी गरीबी हर जगह की समृद्धि के लिए खतरा है

जो समाज अपने सिद्धांतों के ऊपर अपने विशेषाधिकारों को महत्व देता है, वह दोनों से हाथ धो बैठता है

यथार्थ आदर्श के अनुरूप नहीं होता, बल्कि उसकी पुष्टि करता है

रूढ़िगत नैतिकता आधुनिक जीवन का मार्गदर्शक नहीं हो सकती

मूल्य वे नहीं जो मानवता है, बल्कि वे हैं जैसा मानवता को होना चाहिए

विवेक सत्य को खोज निकालता है

व्यक्ति के लिए जो सर्वश्रेष्ठ है, वह आवश्यक नहीं कि समाज के लिए भी हो

स्वीकारोक्ति का साहस और सुधार करने की निष्ठा सफलता के दो मंत्र

जहाज अपने चारों तरफ के पानी के वजह से नहीं डूबा करते, जहाज पानी के अंदर समा जाने की वजह से डूबते हैं"

"मनुष्य होने और मनुष्य बनने के बीच का लंबा सफर ही जीवन है |"

"विचारपरक संकल्प स्वयं के शांतचित्त रहने का उत्प्रेरक है"

"सरलता चरम परिष्करण है"

सामाजिक न्याय के बिना आर्थिक समृद्धि निरर्थक है।

बिना आर्थिक समृद्धि के सामाजिक न्याय नहीं हो सकता किंतु बिना सामाजिक न्याय के आर्थिक समृद्धि हो सकती है |

सत् ही यथार्थ है और यथार्थ ही सत् है।"

"इच्छा रहित होने का दर्शन काल्पनिक आदर्श (यूटोपिया) है, जबकि भौतिकता माया है।"

"आपकी मेरे बारे में धारणा, आपकी सोच दर्शाती है; आपके प्रति मेरी प्रतिक्रिया, मेरा संस्कार है।"

"शोध क्या है, ज्ञान के साथ एक अजनबी मुलाकात।"

"पालना झूलाने वाले हाथों में ही संसार की बागडोर होती है।"

"इतिहास स्वयं को दोहराता है, पहली बार एक त्रासदी के रूप में, दूसरी बार एक प्रहसन के रूप में।"

"सर्वोत्तम कार्यप्रणाली से बेहतर कार्यप्रणालियाँ भी होती हैं।"

स्रोत - यूपीएससी सिविल सेवा परीक्षा निबंध के विषय

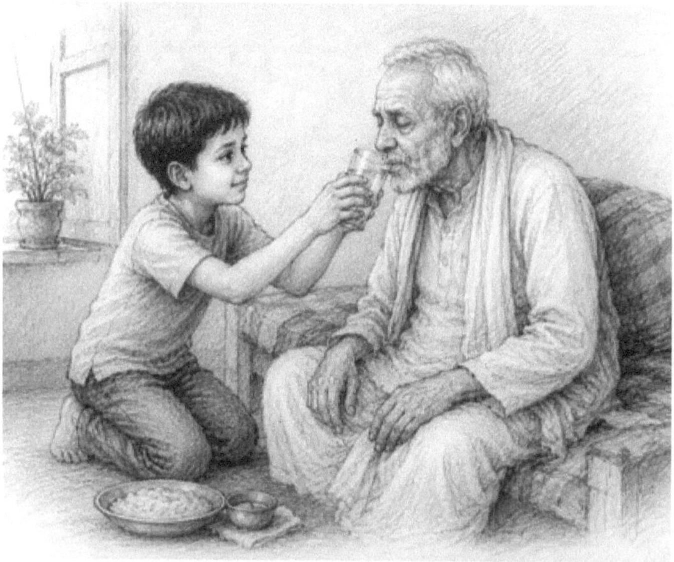

....

27

सच बोलने वाले लोग कम क्यों दिखते हैं ?

"सत्य बोलना और सत्य का साथ देना ही मनुष्य का सबसे बड़ा साहस है।"

— चाणक्य

आपसी रिश्तों को सन्दर्भ में लेते हुए, आएये गौर करते हैं कुछ बातों पर;

अगर हमारा कोई साथी, सहकर्मी, दोस्त या रिश्तेदार हमसे किसी बात पर असहमत है तो क्या प्रतिक्रिया रहती है हमारी

क्या हम उसके पॉइंट ऑफ़ व्यू (नजरिये) को समझने का प्रयत्न करते हैं और उससे जिज्ञासा व्यक्त करते हैं कि वो हमें अपनी बात और अच्छे से समझाए

या फिर हम उससे बात बंद कर देते हैं क्योंकि हमारे अहम् को ठेस लग जाती है, या फिर खुद को सही साबित करने के लिए बिना उसकी बात को समझे हम उससे

बदतमीजी के साथ कुतर्क करने लग जाते हैं, या फिर उसे खुद से नीचा दिखकर उसकी आवाज को दबाने का प्रयास करने लग जाते हैं;

अगर आप पहले विकल्प के अलवा कोई प्रतिक्रिया चुनते हैं तो आपने परोक्ष रूप से असहमति दर्ज करने को मुश्किल बनाने का काम किया है, संभावना है की आगे वो इंसान आपसे किसी मामले पर सहमत न होने पर असहमति व्यक्त करने से परहेज करेगा और यदि आपसे कोई स्वार्थ है तो झूठे ही आपकी हाँ में हाँ मिला लेने की संभावना बढ़ जाएगी

इस तरह दो नुक्सान हुए, पहला तो सामने वाले ने झूठ बोला और दूसरा की आप चूक गये एक और नजरिये से चीज़ों को देखने के और अपनी दृष्टि और समझ को और समावेशी बनाने से |

आपका किसी से कोई विवाद या कहा सुनी हो गयी और आप अपने किसी साथी के सामने उस इंसान (जिससे विवाद या कहा सुनी हुयी हो) की बुराई करने लगे और उसकी कमियों पर बोलने लगे, क्या हो अगर आपका साथी उस आदमी की गलतियों के साथ आपकी गलती और कमी पर भी बात करने लगे या आपके उस नजरिये को बदलने को कहने लगे जिसके चलते आपको अपने विरोधी का सही काम भी गलत लग रहा है; या फिर आपसे झगड़ने के बजाय सुलह करने की बात बोलने लगे; क्या प्रतिक्रिया होगी आपकी ?

क्या हम उसके पॉइंट ऑफ़ व्यू (नजरिये) को समझने का प्रयत्न करते हैं और उससे जिज्ञासा व्यक्त करते हैं कि वो हमें अपनी बात और अच्छे से समझाए

या फिर हम उससे बात बंद कर देते हैं क्योंकि हमारे अहम् को ठेस लग जाती है; कहीं ऐसा तो नहीं की हम उसे खुद से अलग या विपरीत पक्ष वाला मानने लग जाएँ और इस कदर कि उसकी दिक्कत में भी उसके साथ खड़े होने से मन कर दें (दिक्कतें किसी के सामने भी आ सकती हैं, दिक्कत मे साथ देना तो मानव धर्म है)

अगर इस तरह का व्यवहार हुआ आपका फिर तो संभावना ये बन जाएगी की सामने वाला इंसान या तो आपसे दूरी बना लेगा (फिर आप कहोगे की सच बोलने वाले लोग कम हैं) या फिर आपके सामने

आपकी हाँ में हाँ मिलाएगा और आपके विरोधी के सामने उसकी हाँ में हाँ मिलाएगा और नतीजा क्या होगा की दोनों की ग़लतफ़हमी बढती ही जाएगी और खुद की गलती हमें दिखाई ही न देगी | (अमूमन लोग ऐसा करते हैं ये सोंचकर की कहीं इनसे कोई काम न पड़ जाये) आगे आप विचार कर सकते हैं ?

एक बात कहकर इस भाग को पूरा करूँगा कि लोग अपना टारगेट पहले ही फिक्स कर चुके होते हैं उसी हिसाब से तर्क चुनते हैं, उदाहरण के लिए ये जानते हुए भी की अमुक इंसान एक नंबर का भ्रष्ट इंसान है फिर भी कुछ लोग उससे रिश्ता जोड़ने को, उसे सम्मान देने को तैयार हो जाते है क्योंकि वो पैसे वाला है या रसूख वाला है क्योंकि उस वक़्त प्राथमिकता में (टारगेट) पैसा या कोई विशेष काम होता है |

अगर प्राथमिकता में पैसा और भौतिक उपभोग रहेगा फिर क्यों लोग स्पष्टवादी होंगे लोग तो फिर पैसे के पीछे भागेंगे और उसके लिए नैतिक पतन से भी परहेज न करेंगे |

जिस तरह के लोगों को हमारे समाज में मान मिलेगा, उस तरफ को ही भावी पीढ़ी बढ़ेगी, अगर सच के रास्ते चलने वालों को नादान कहकर उनका मज़ाक उड़ाया जायेगा और साथ खड़े होने से मना कर दिया जायेगा तो फिर सच के रास्ते चलने वाले कम लोग ही बचेंगे |

जीवन में कुछ रोमांचक करना चाहते हैं तो सच को अपना समर्थन दें, सही काम के लिए सही तकलीफ चुनें|

"सत्य ही ईश्वर है।"

— महात्मा गांधी

28

जिम्मेदारी और जवाबदेही का भाव

"जिम्मेदारी से बचना ही असफलता की सबसे बड़ी वजह है।"

— अब्राहम लिंकन

लोगों का आंकलन करते वक्त उनका व्यवहार नहीं उनके कार्य की गुणवत्ता, जिम्मेदारी लेनी की इच्छा और जवाबदेही का भाव देखिए।

जो इंसान कार्य के प्रति समर्पित है, संभावना है कि डेडलाइन के चलते या ज्यादा काम के चलते वो कभी-कभी अपने व्यवहार को संयत न रख पाए वहीं जो लोग कामचोर प्रवृत्ति के होते हैं, उनके लिए अपने व्यवहार को संयत रखना अपेक्षाकृत आसान होता है।

इसीलिए ये न देखिए कि कौन आपको हर त्योहार बधाई संदेश भेज रहा है या आपकी आत्मप्रशंसा की बातों में हां में हां मिला रहा है, बल्कि ये देखिए कि कौन अपने कार्यों और जिम्मेदारियों को अच्छे से पूरा कर रहा।

देश और समाज में समृद्धि और संपन्नता गुणवत्तापूर्ण और जिम्मेदारी के साथ किए गए कार्यों से आती है नकि बधाई संदेश फारवर्ड करने से।

"जो व्यक्ति अपनी गलतियों की जिम्मेदारी लेता है, वही सच्चा नेता बनता है।"

अंतस

— महात्मा गांधी

सूर्यकांत त्रिपाठी निराला, साहित्यकार

साहित्य पढ़िये और अपनी समझ को विस्तार और उधेड़बुन को विराम दीजिये

29

नवाचार का माहौल

"“यदि आप हमेशा वही करते हैं जो पहले करते आए हैं, तो परिणाम भी वही मिलेंगे"- हेनरी फोर्ड”

एक़ इंसान, अपनी समझ में बेहतर करने के लिए कुछ ऐसा कर रहा है जोकि अपने आप में नया है, लीक से हटकर है, व्यक्तिगत नुकसान होने की भी संभावना है लेकिन दूसरों को कोई भी नुकसान नहीं होना है, फिर भी समाज के कुछ लोग बिना उस इंसान की गरिमा और व्यक्तिगत स्वतंत्रता की परवाह किए बस उसे टोंकना शुरू कर देते हैं यहां तक उसे मूर्ख कहना शुरू कर देते हैं ! होना तो ये चाहिए था कि लोग उसकी योजना को समझते और अगर वह व्यक्तिगत या सामाजिक रुप से लाभकारी हो तो उसमें हर संभव सहयोग करते लेकिन होता है उल्टा, जो खुद दो काम करने में चिड़चिड़ा हो जाता है वो दूसरे के नए काम और तरीके का मज़ाक उड़ानें का साहस जुटा लेता है।

इस माहौल को बदलना होगा और नवाचार के लिए माहौल बनाना होगा।

"गलतियों से मत डरिए। असफलता मिलेगी, फिर भी आगे बढ़ते रहिए" - बेंजामिन फ्रेंकलिन

30

गलतियाँ और तिरस्कार

"गलती करना मानव स्वभाव है, पर उस पर अड़े रहना मूर्खता है।"
एक उक्ति "

अमूमन ऐसा देखा गया है कि किसी इंसान से कोई ग़लती या चूक हो गई या फिर कोई आंकड़ा बताने में कोई मानवीय गलती हो गई, इस पर ही कुछ लोग उस इंसान को नीचा दिखाने में लगे जाते हैं या अपमानजनक तरीके से बात करना शुरू कर देते हैं, जैसे कि बस इंतजार कर रहे हों कि अमुक इंसान से कोई ग़लती हो और इसे नीचा दिखाएं।

"इससे कोई लाभ नहीं, न तो इस तरह कोई सामने वाले से कुछ अन्य चीजें जिसमें वो बेहतर है सीख सकता है और नहीं ऐसे इंसान से देशहित में या समाज हित में कोई कार्य ले सकता है।"

पारस्परिक सम्मान बिना शर्त होना चाहिए, तब ही हम मिलकर कुछ बेहतर कर सकते हैं और एक दूसरे को निखारने में परस्पर सहयोग कर

सकते हैं।

"दुनिया का तिरस्कार अक्सर उस व्यक्ति को मिलता है जो भीड़ से अलग सोचता है।"

फ्रेडरिक नित्शे

31

केवल आप ही सही !

इन तीन प्रश्नो पर बात:

क्या आपको लगता है कि केवल आप ही सही हैं ?

क्या आपको लगता है कि आपको किसी की सलाह की जरूरत नहीं, किसी भी काम या किसी भी आयोजन के लिए ?

लोगों का सहयोग कैसे मिलता है?

दो टूक ताकि आप मेरा इशारा समझ सकें;-

अगर आपको लगता है कि केवल आप ही सही हैं और सामने वाला अज्ञानी तो आपसे कुछ सवाल

- क्या आपने दुनिया मे सब कुछ देख/पढ़ लिया, कुछ देखना बाकी नहीं अब ?
- क्या इस तरह का रवैया अपनाकर आप एक सार्थक बहस को जन्म दे पाएंगे या बात करने और चीजों को बेहतर तरीके से समझने के अवसर को ही कुचल देंगे ?
- आपको क्या लगता है कि इस तरह के रवैया से आप लोगों से उन मुद्दों पर भी बात कर पाएंगे जिन पर सहमत हैं? या उनका सहयोग किसी और काम के लिए ले पाने मे सक्षम होंगे? क्या उनसे मित्रवत हो सकने की संभावनाओं पर विश्वास कर पाएंगे ?

अगर आपको लगता है कि आपको किसी की सलाह की जरूरत नहीं, किसी भी काम या किसी भी आयोजन के लिए, तो आपसे कुछ सवाल

- क्या आपने दुनिया मे सब कुछ देख/पढ़ लिया, कुछ देखना बाकी नहीं अब ?
- क्या इस तरह का रवैया अपनाकर आप उस कार्यक्रम की संभावित समावेशिता और उसमे पायी जा सकने वाली विविधता की संभावना को नष्ट नही कर रहे ?
- क्या इस तरह आप अपने साथ के अन्य लोगों को बाहरी होने का एहसास नही करा रहे ?
- क्या इस तरह आप सबका सहयोग उस कार्यक्रम के सफल आयोजन मे सुनिश्चित कर पाएंगे ?
- लोगों का भरपूर सहयोग कब मिलता है? मेरी राय मे उन्हे कार्यक्रम की प्लानिंग का हिस्सा बनाकर, उन्हे ये एहसास दिलाकर की ये कार्यक्रम उनका है, क्या आप सहमत हैं ?

"अकेले हम बहुत कम कर सकते हैं, साथ मिलकर हम बहुत कुछ कर सकते हैं।"

— हेलेन केलर

32

केवल मीठा सुनने की आदत हैं ?

इन दो प्रश्नो पर बात:

क्या आपको केवल मीठा/प्रिय सुनने की आदत है ?
जिनसे मतभेद है वो शत्रु हों जरूरी नहीं?
दो टूक ताकि आप मेरा इशारा समझ सकें;-

- फिर क्या आप उम्मीद रखती हैं कि यदि आपके किसी कार्य के करने के प्लान मे कोई खामी है तो कोई कुछ बोल पाएगा उस पर ?
- क्या कभी कोई आपकी कमियों और बुराइयों पर बोलने का जोखिम लेगा?
- इस स्थिति मे आपके किसी कार्य/निर्णय से आहत व्यक्ति, यदि क्रोधवश आवेश में आकर अपनी तकलीफ व्यक्त करता है तो क्या आप उसको और नुकसान पहुँचाने से रोक पाएंगे खुद को ?
- जिनसे मतभेद हो यदि उन्हे हम विरोधी खेमे का मान लेंगे तो जो लोग आपके सामने हाँ मे हाँ और पीछे षड्यंत्र वाले इंसान हैं, उनसे खुद का नुकसान होने से बच पाएंगे?
- क्या आप इस बात से सहमत हैं कि आलोचना सहन करने की क्षमता, सुधार, समावेशिता और बेहतरी के रास्ते खोलती है ?

- **आपके लिए अपना कौन ?** क्या वास्तविकता मे अपना वो है जो हमारा भला चाहे, और आपकी भलाई इस बात मे है कि आप सच के प्रकाश में रहो, आपके जीवन मे शांति और सार्थकता हो, माने अपना वो जो सच के रास्ते चले, बाकी तो बस रिश्तेदार हैं! क्या आप सहमत हैं ?

"आलोचना से डरने वाला व्यक्ति कभी आगे नहीं बढ़ सकता।"
— स्वामी विवेकानन्द

शुकून से सुनिए और समझिए

33

पड़ोसी की दिक्कत आपकी दिक्कत बन सकती है

घर के बड़े बुज़ुर्गों के मुह से सुनी हुयी कथा :

एक चूहा एक व्यापारी के घर में बिल बना कर रहता था।

एक दिन चूहे ने देखा कि उस व्यापारी और उसकी पत्नी एक थैले से कुछ निकाल रहे हैं। चूहे ने सोचा कि शायद कुछ खाने का सामान है।

उत्सुकतावश देखने पर उसने पाया कि वो एक चूहेदानी थी।

ख़तरा भाँपने पर उस ने पिछवाड़े में जा कर कबूतर को यह बात बताई कि घर में चूहेदानी आ गयी है।

कबूतर ने मज़ाक उड़ाते हुए कहा कि मुझे क्या? मुझे कौनसा उस में फँसना है?

निराश चूहा ये बात मुर्गे को बताने गया।

मुर्गे ने खिल्ली उड़ाते हुए कहा... जा भाई.. ये मेरी समस्या नहीं है।

हताश चूहे ने बाड़े में जा कर बकरे को ये बात बताई... और बकरा हँसते हँसते लोटपोट होने लगा।

उसी रात चूहेदानी में खटाक की आवाज़ हुई, जिस में एक ज़हरीला साँप फँस गया था।

अँधेरे में उसकी पूँछ को चूहा समझ कर उस व्यापारी की पत्नी ने उसे निकाला और साँप ने उसे डस लिया।

तबीयत बिगड़ने पर उस व्यक्ति ने वैद्य को बुलवाया। वैद्य ने उसे कबूतर का सूप पिलाने की सलाह दी।

कबूतर अब पतीले में उबल रहा था।

खबर सुनकर उस व्यापारी के कई रिश्तेदार मिलने आ पहुँचे जिनके भोजन प्रबंध हेतु अगले दिन मुर्गे को काटा गया।

कुछ दिनों बाद उस व्यापारी की पत्नी सही हो गयी, तो खुशी में उस व्यक्ति ने कुछ अपने शुभचिंतकों के लिए एक दावत रखी तो बकरे को काटा गया।

चूहा अब दूर जा चुका था, बहुत दूर ....।

अगली बार कोई आपको अपनी समस्या बताये और आप को लगे कि ये मेरी समस्या नहीं है, तो रुकिए और दुबारा सोचिये।

अपने-अपने दायरे से बाहर निकलिये। स्वयं तक सीमित मत रहिये ।

इसी विषय पर मशहूर शायर, राहत इंदौरी की एक पंक्ति,

> *"'लगेगी आग तो आएंगे घर कई जद में, यहां पे सिर्फ हमारा मकान थोड़ी है'"*

कुछ और उक्तियाँ

- "मनुष्य अकेला नहीं जीता; पड़ोसी की पीड़ा अंततः हमारे दरवाज़े तक पहुँचती है।" — महात्मा गांधी
- "समाज की असली पहचान इस बात से होती है कि लोग अपने पड़ोसी के दुःख को कितना अपना दुःख मानते हैं।" — विनोबा भावे

- “यदि पड़ोसी सुरक्षित और सुखी नहीं है, तो आपकी शांति भी स्थायी नहीं रह सकती।” — डॉ. ए.पी.जे. अब्दुल कलाम
- “पड़ोसी की समस्या से मुँह मोड़ना, भविष्य की अपनी समस्या को आमंत्रण देना है।” — चाणक्य

34

दूसरों की परवाह या खुद को आराम

"अपने आप को पाने का सबसे अच्छा तरीका है—अपने आप को दूसरों की सेवा में खो देना।"

— महात्मा गांधी

अगर किसी इंसान की प्रकृति ही ऐसी है कि उसे बस अपनी सुविधा असुविधा दिखती है, दूसरों की उसे कोई परवाह नहीं है तो उसकी यह प्रकृति उसके एक-एक कार्य में दिखाई देंगी।

जैसे अगर वो किसी सड़क को रिपेयर करेगा तो बजडी वहीं छोड़ देगा, उसे इस बात से कोई सरोकार नहीं कि कोई वाहन उस पर फिसलकर गिर सकता है।

जैसे अगर उसके बालू खनन के डंपर चल रहे हैं तो वो ड्राइवर को पैसे नहीं देगा, उस डंपर को ढकने के लिए भले ही बालू उड़कर सड़क को गंदा करे या किसी की आंखों और फेफड़ों में जाए ।

अगर वो किसी सड़क के डिवाइडर बनाएगा तो उसमें पाइप और सरिया ऐसे ही छोड़ देगा भले ही किसी राहगीर के गिरते ही उसके सीने में घुस जाए।

सड़क ऐसी बनाएगा कि एक ही बरसात में ही उसमें गड्ढे बन जायें

स्वाद बढ़ाने के लिए मसालों में ऐसा रसायन मिला देगा कि उससे लोगों को कैंसर तक हो जाए।

एक दृष्टि डालते हैं खुद पर जब हमें कोई दिखता है जो लोगों के हित अहित को लेकर चिन्तित हो तो उससे हम क्या कहते हैं?

कि संयत होकर सोचो और बीच का रास्ता निकालो, जनहित को ऊपर रखो या फिर

हम कहते हैं कि " अपना देखो दूसरों के बारे में इतना क्यों सोचना! "

हमारा जवाब क्या होगा इससे ही निर्धारित होता है कि समाज में किस तरह के लोगों की संख्या ज्यादा होगी।

विरोधाभास देखिए कि जो इंसान खुद दूसरों की सुविधा - असुविधा का ध्यान नहीं रखता वो भी दूसरों से अपेक्षा रखता है कि लोग उसकी सुविधा असुविधा का ध्यान रखें।

आप किस तरह का उदाहरण बनना चाहतें हैं?

किन लोगों में खुद की गिनती करवाना चाहते हैं ?

उनमें जो जो दूसरों की चिंता करते हैं और दिमाग पर जोर देकर रास्ता निकालते हैं या उनमें जो बस अपना आराम और अपना वित्तीय फायदा नुकसान देखते हैं और दूसरों की परवाह नहीं करते ?

जरूर विचार करिए और दूसरों से भी चर्चा करिए, समय निकालकर करिए |

"हम तब तक सच्चे अर्थों में नहीं जीते, जब तक हम दूसरों के लिए जीना नहीं सीखते।"

— अल्बर्ट आइंस्टीन

35

सड़क दुर्घटना: एक पड़ताल

क्या-2 कारण हो सकते हैं सड़क दुर्घटना के?

आइए अपनी सीमित समझ मे पड़ताल करें:

जल्दबाज़ी बहुत कुछ इकट्ठा कर लेने की- इंसान बहुत हड़बड़ी मे है क्योंकि काफी कुछ इकट्ठा कर लेना चाहता है और उसे समय कम प्रतीत होता है, नतीजा केवल सड़क पर ही नहीं अन्य जगहों पर भी वह जल्दी मे रहता है, इस तरह वह न तो सफर का मजा ले पाता, न किसी काम को सलीके से कर पाता है और न ही प्रक्रिया का आनंद ले पाता है, उदाहरण के लिए पहाड़ की चोटी पर चढ़ने मे भी यदि प्रतियोगिता हो जाए तो क्या आप खूबसूरत नजारों का आनंद ले पाएंगे ?

गैर जिम्मेदार नजरिया - सड़क एक पब्लिक प्रॉपर्टि है, उस पर चलने के नियम हैं, ताकि दुर्घटना से बचा जा सके, लेकिन कुछ लोग खुद को इतना काबिल और निपुण समझते हैं कि नियम ही तोड़ देते हैं और कुछ तो सड़क को करतब दिखाने की जगह समझते हैं, और ऐसे लोगों के मन में जबरदस्ती का भाव होता है कि वह तो करतब दिखाएंगे, किसी को बुरा लगे तो लगे ! ऐसे लोगों से मेरा एक सवाल है कि क्या कोई कुछ बोल नहीं रहा तो उसकी मजबूरी का फायदा उठाना गलत नहीं ? ऐसे ही चलता रहा तो हर मजबूत इन्सान अपने से कमजोर इंसान की मजबूरी

का फायदा उठाएगा! **क्या आप खुद को सबसे मजबूत मानते हैं ?**

सड़क के गड्ढे - सड़क जान पहचान की हो या नयी अगर उसमे गड्ढे हैं तो दुर्घटना का संदेश कभी भी मिल सकता है|

नियम न मानना- पार्किंग, ओवरटेकिंग, क्रॉसिंग और बोर्डिंग, डिबोर्डिग के नियम न मानना एक बड़ा कारण हैं, कुछ लोग तो इतने खोये रहते हैं कि खड़ी कार से एकदम निकाल पड़ेंगे दरवाजा खोलकर वह पीछे देखने तक की जरूरत नही समझते, कुछ तो बाहर निकलते वक़्त फोन पर बात करते हुये पाये गए !

ड्राइविंग और फोन पर बात - न बात को महत्व दे रहे, न खुद की सुरक्षा को, दूसरे की सुरक्षा का क्या ही सोचेंगे ऐसे लोग !

थ्रिल और नियंत्रण- जीवन में तो अपने तमन्नाएँ पूरी करने के लिए गुलामी करेंगे, एक भी असहमति का शब्द बोलने का साहस नहीं होता क्योंकि नुकसान होने से बहुत डरते हैं! और सड़क पर गाड़ी दौड़नी हो तो बहुत साहसी हो जाते हैं कब स्पीड लिमिट पार कर गए, खुद भी होश नहीं रहता, ऐसे विक्षिप्त लोग क्या परवाह करेंगे सड़क पर चल रहे अन्य लोगों की!

वर्तमान मे न रहना- जब इंसान सपनों, काल्पनिक बहसों मे ही खोया रहेगा तो क्या सड़क पर वो सजग रह पाएगा? क्या उसकी आँखों, दिमाग, हाथों और पैरों मे उचित समन्वय रह पाएगा |

क्रोध और चिंता मे रहना- क्रोध और चिंता मे डूबा व्यक्ति क्या सामान्य इंसान की तरह ड्राइव कर सकता है ? **क्यों है इतना क्रोध और चिंता जीवन में?** कहीं हम इस अनिश्चित जीवन मे सब कुछ सुरक्षित तो नहीं कर लेना चाहते?

कहीं हम उन चीजों के पीछे तो नही भाग रहे, जिनकी हमे जरूरत ही नहीं? जरूरत तो बस बाज़ार ने हमारे दिमाग़ मे डाल दी है!

कहीं हम सच से ज्यादा रिश्तों, वित्तीय लाभ-हानि और प्रतिष्ठा को मान तो नहीं दे रहे, नतीजतन न तो अपनी असहमति व्यक्त कर पाते हैं और न ही शोषण का विरोध और नतीजा होता है मन मे पलता क्रोध जो अक्सर अपने से कमजोर लोगों पर उतार दिया जाता है|

"कहीं हम खुलकर जीने के बजाय खूब चीज़ें इकट्ठा करने को ही तो जीवन नही मान बैठे ?"

ओवेरलोड वाहन - क्या ज्यादा पैसे बचाने की हवस के चलते गाड़ी/ट्रक को ओवरलोड करके ड्राईवर और सड़क पर चलने वाले अन्य लोगों की जान को जोखिम मे डालना एक बहुत ही आपराधिक और अनैतिक कार्य नही? **क्या आपका कोई प्रिय सड़कों पर नहीं चलता? या फिर उन सड़कों पर कोई अन्य ओवेरलोड ट्रक नही गुजरता ?** जाने अंजाने किस व्यवस्था का समर्थन कर रहे हैं आप ?

अनफ़िट गाडियाँ - क्या अपने परिवार के लिए सुरक्षा और सुविधा खरीदना इतना जरूरी है कि अनफ़िट गाडियाँ सड़क पर उतारकर खुद की और लोगों की जान जोखिम मे डाल रहे ?

"धीमी गति जीवन बचाती है, तेज़ी अक्सर दुर्घटना लाती है।"

— लाल बहादुर शास्त्री

36

वादा

"वचन वही देना चाहिए, जिसे निभाने का साहस हो।"

— चाणक्य

लोग अपने वादों पर खरे उतरते हैं, कब ?

जहां तक मै समझ पाया :

- जब उन्होने वादा पूरा करने करने के लिए किया हो नकि आपको टालने के लिए
- जब उन्होने चीजों का सही आंकलन करके और संभावना पर विचार करके वादा किया हो
- जब उनके लिए अपनी बात पर कायम रहना किसी भी वित्तीय, सामाजिक नुकसान फायदे से ऊपर हो
- जब उनके अंदर इस बात की ज़िम्मेदारी और जवाबदेही हो कि वादा न पूरा करने पर आपको असुविधा और नुकसान हो सकता हो
- उनके अंदर ये स्पष्टता हो कि उनके लिए क्या हितकारी और क्या हितकारी, कभी कभी ऐसा होता है कि इंसान को पता ही नही होता कि उसे चाहिए क्या और वह इस भ्रम की अवस्था मे ही वादे करते फिरता है और अपने भ्रम का एकसास होने पर उसे अपने वादे तोड़ने पड़ जाते हैं |

- इंसान की बातों से ज्यादा ध्यान उसके कर्मों पर, उसके मातहतों/आश्रितों और कमजोर लोगों के साथ व्यवहार एवं जीवन की प्राथमिकताओं और जीवन मूल्यों पर दें और फिर मूल्यांकन/निर्णयन करें।

"वादा निभाना ही विश्वास की नींव है।"
— स्वामी विवेकानन्द

"बीआर चोपड़ा साहब", फिल्म निर्माता और निर्देशक जिनकी फिल्में आपको जीवन और लोगों की बेहतर समझ दे सकती हैं।

37

नाम में क्या रखा है ! वाकई ?

"मीठे और सम्मानजनक शब्द मनुष्य के हृदय को तुरंत जीत लेते हैं।"
— कबीरदास

एक दृश्य में एक शायर, अपनी शायरी पाठ के बीच में बार-2 उस जलसे के आयोजक जोकि एक ज्ञानी इंसान थे उनका नाम ले रहा था और उनके जनहित के कार्यों को उद्धृत कर रहा था |

इसी घटना का सन्दर्भ लेते हुए क्या हम ये नहीं कर सकते कि जब किसी से बात करें तो उनका नाम लें बीच बीच में जरुरत के अनुसार, क्या होगा इससे ? इससे सामने वाले इंसान को अच्छा महसूस होगा और उसकी तरफ से बेहतर प्रतिक्रिया और बेहतर प्रदर्शन मिलेगा |

"वो फाइल उठा देना" से बेहतर है कि आप कहो कि " मोहन वो फाइल उठा देना"

"ठीक है" कहकर फ़ोन रखने से बेहतर है की आप कहो " ठीक है मोहन फ़ोन रखता हूँ " या "ठीक है मोहन फ़ोन रखता हूँ फिर बात होगी " या "ठीक है सोहन फ़ोन रखा जाये अब ? " या "ओके बाय मोहन रखता हूँ अब " |

नोट- हर किसी न किसी का कोई महत्व होता है, किसी को अपने व्यवहार से महत्वहीन न महसूस कराएँ

हर किसी से इंटरैक्ट करना जरुरी नहीं लेकिन जिससे इंटरेक्शन कर रहें हैं कम से कम उससे बात करते वक़्त उसकी गरिमा का ध्यान रखें और उसके कार्यों के प्रति कृतज्ञता व्यक्त करें अगर कोई शब्द नहीं कह सकते तो एक प्यारी सी मुस्कान क्योंकि मुस्कान से हर्ष का पता चलता है और " हर्ष कृतज्ञता का सरलतम रूप है "

"वाणी में नम्रता हो तो साधारण शब्द भी प्रभावशाली बन जाते हैं।"

— स्वामी विवेकानन्द

नसीरुद्दीन शाह, अभिनेता

यादगार पात्रों (अभिनीत) द्वारा दर्शकों के मन में स्थान बनाने वाले अभिनेता

38

लिखना, अपना पक्ष रखना, सही बात को आगे बढ़ाना जरूरी क्यों: एक सोच

"“जो सही है उसके लिए खड़े हो जाओ, भले ही तुम्हें अकेले खड़ा होना पड़े।

-सूजी कसेम

समाज में बदलाव हो रहे हैं, कुछ सकारात्मक और कुछ नकारात्मक| कुछ लोग नुकसानदायक और भ्रामक चीजों का प्रसार कर रहे हैं, कुछ आवाजें अनसुनी रह जा रही हैं। क्यों न हम संगठित होकर, इन अनसुनी आवाजों को ज्यादा लोगों तक पहुंचाएं, क्यों न हम अपने पक्ष से भी अवगत करायें लोगों को, क्यों न हम जरूरी और सही बातों को ज्यादा लोगों तक पहुंचाएं, क्यों न हम बदलते समाज को एक बेहतर और समावेशी दिशा देने का नेक प्रयास करें।"

समाज में हो रहे बदलाव हमें भी प्रभावित करते हैं देर-सबेर फिर क्यों न हम अपने डेली शेड्यूल में कुछ मिनट इस बात को लिखने में लगाएं कि हम कैसी दुनिया चाहते हैं, केवल लिखना ही नहीं उसके लिए प्रयास करना भी |

संख्या मायने रखती है आप लिखिए तो सही कि आप कैसी दुनिया चाहते हैं, आपको क्या शिकायतें हैं, फिर मजेदार होगा सामने वाले का पक्ष सुनना ।

"आपके आस-पास कोई भी बदलाव, एक न एक दिन आपको प्रभावित करेगा", जिस तरह आप सड़क पर कितना भी नियम और सावधानी से चलें लेकिन किसी दूसरे की लापरवाही से आपको नुकसान हो सकता है। इसीलिए हम जब अपने जीवन को सुरक्षित और सहूलियत भरा बनाने के लिए दिन के कई घंटे देते हैं तो क्यों न कुछ मिनट अपने विचार साझा करने को भी दें ताकि हम बता सकें कि हम समाज की दिशा किधर को चाहते हैं, फिर ये देखना मजेदार होगा कि हमारी च्वाइस कई मामलों में विरोधाभासी भी हो सकती है।अपना मत और समझ साझा करने में संकोच न करें, जो आंखों से देखा और उम्र के साथ अनुभव किया है उसे साझा करने में संकोच कैसा!

जो इंसान अपनी समझ और आकांक्षाएं साझा नहीं करना चाहता वो समाज से अपनी सहूलियत की दिशा की अपेक्षा कैसे कर सकता है! बिना किसी पूर्वाग्रह के और बिना इस बात की चिंता किए कि लोग मेरे बारे में क्या सोचेंगे बेधड़क होकर अपनी बात रखिए और दूसरों को भी हिम्मत दीजिए। जो कुछ महसूस कर रहें उसे सामने व्यक्त करने का |

आपका एक लाइन का इनपुट भी मायने रखता है।

#opinion_matters

“सबसे बड़ा पाप अन्याय को देखकर भी चुप रहना है।”

- महात्मा गांधी

आइये लिखने के फायदों पर कुछ बात कर लेते हैं:

"लिखना आत्मा की आवाज़ को शब्द देना है।"
— अज्ञेय

कुछ लोग पूछते हैं की ये जो इतना लिखते हो उसका कुछ फायदा भी होता है? क्या कोई पढ़ता भी है?

तो ऐसे सभी लोगों से मेरा कहना है कि

1. एक वक्त जब मुझे चीजों को जानने की जरूरत थी तो मैने भी पुस्तकें पढ़ीं थीं, जिसे कुछ लोगों ने लिखा था, वैसे ही मैं भी लिख रहा हूं ताकि फिर किसी जिज्ञासु को मेरी लेखनी से कुछ स्पष्टता मिल जाए या कोई रास्ता मिल जाए

2. किरण बेदी मैम ने भी यही कहा कि उन्हे लगता है कि उन्हे अपने अनुभव लिखने चाहिए वो जरूर किसी के काम आयेंगे

3. और फिर ये जनहित का कार्य है तो देर रात तक जाग भी सकते हो, मन प्रफुल्लित रहता है

4. अच्छे लोग मिलेंगे, लेखन एक बहुत ही जन उपयोगी काम है अगर आप सच लिख रहे हैं तो, बुद्धि इस तरह के सही काम में लगे रहेगो तो फिजूल में न उलझना पड़ेगा, लेखन एक सृजनात्मक कार्य है और सृजन का आनंद क्या होता है उनसे पूछो जिन्हे बागवानी सरीखे सृजनात्मक कार्यों का शौक है|

5. अगर एक इंसान को भी मेरा लिखा हुआ समझ आ गया या उपयोग का लग गया तो ये लिखना सफल मानूँगा, जब मैंने इतने साहित्य का उपयोग किया तो मै भी क्यों न साहित्य के कोष मे कुछ योगदान दूँ अपनी क्षमता मे|

6. लेखन हमे जीकर दिखाने को भी प्रेरित करता है|

"लिखना मन की उलझनों को सुलझाने का सबसे सरल उपाय है।"
— लियो टॉल्स्टॉय

39

अपनी बात या अनुभव लिखने/कहने मे संकोच?

““विचार तभी जीवित रहते हैं जब उन्हें अभिव्यक्ति मिलती है।”
— स्वामी विवेकानन्द”

कई कारणों पर विचार कीजिये

1. बिना संकोच के अपनी कहानी बयान करिए ये किसी की समझ और हौंसले को बढ़ा सकता है

2. मान लीजिये कि प्रोत्साहन पर एक लेख लिखना है अगर आप अपने जीवन से एक भी घटना को साझा कर पाएंगे तो ये लेख को समृद्ध करने मे योगदान देगी|

3.हो सकता है कि आपका लिखा हुआ लेख या आपके भाषण मे कुछ ऐसा हो जो किसी नए इंसान के प्रश्नो का जवाब हो जिसके लिए वो उधेड़बुन मे हो

4. कई लेखक एक ही बात और एक ही सत्य को अलग अलग तरीके से लिखते हैं और वो अलग अलग लोगों के काम आते हैं, फिर आप क्यों नहीं लिखते अपने तरीके से ? आप क्यों आवाज नहीं बनते उनके जो अपनी तकलीफ, अपनी आकांक्षा कह नहीं पाते |

5.समझदार इंसान राष्ट्र की संपत्ति हैं अगर आपके अनुभव साझा करने से किसी की सोंच विस्तृत होती है तो इससे आपको भी फायदा होगा घूम फिर कर |

"अभिव्यक्ति ही मनुष्य को उसकी सृजनशीलता से जोड़ती है।"

— हरिवंश राय बच्चन

जसिन्ता केरकेट्टा

मानवतावादी और प्रकृतिप्रेमी कवयित्री और लेखिका

40

सुकून के पल और सृजन

"शांति के क्षणों में ही मन की सबसे सुंदर रचनाएँ जन्म लेती हैं।"
— रवीन्द्रनाथ ठाकुर

एक रात 10:30 के आस पास, 90's का एक गाना कई बार सुना (हैडफ़ोन लगाकर बिना किसी को डिस्टर्ब किये), संगीत बड़ा अच्छा लगा, मनमोहक, किसी काम को जल्दी पूरा करने का दबाव न था, सुकून में था मन, और रचना हुयी एक लघुकथा (जो कुछ वक़्त समीक्षा में रहने के बाद वेबसाइट पर अपलोड कर दी गयी) की और साथ ही कई पुरानी घटनाओं को शांत मन से याद कर पाया और उन पर लघुकथा की रचना के लिए शीर्षक लिखे (संख्या में 8), ये महत्ता होती है शांति की, सुकून की |

" दुनिया में सृजन और अन्वेषण के अनेक कार्य शून्य के क्षणों में ही हुए हैं |"

41

अपनी बात समझाना

"जो व्यक्ति अपनी बात स्पष्ट रूप से कह सकता है, वही सच्चा विचारक है।"
— राल्फ वाल्डो इमर्सन

- यदि आप अपनी बात, सामने वाले को समझा नहीं पा रहे, तब आपके पास या तो शब्दों की कमी है या फिर आप अभी तक खुद ही उस बात को नहीं समझे, दूसरे शब्दों मे आप खुद ही भ्रम मे हों!
- यदि बात नहीं समझा पा रहे, तो कम से कम अपनी दिक्कत को खुलकर व्यक्त करें|
- साहित्य पढ़ें, इससे आपको अपनी बात रखने/समझाने के लिए शब्द और मिशाल दोनों मिलेंगे|
- लेकिन किसी भी हालत मे अपने पद का इस्तेमाल करके, दबाव न बनाएँ अपनी बात मनवाने का
- यदि सामने वाला असहमति के कारण भी बता रहा तब उन्हे समझने का प्रयास करें और जरूरी होने पर अपनी गलती स्वीकार करना, आपको और सामने वाले को नुकसान से बचा सकता है|

"स्पष्ट और सरल शब्दों में कही गई बात ही सबसे अधिक समझी जाती है।" — अरस्तू

42

मेरे सपनों की दुनिया

1. लोग संवेदनशील हों, दूसरों की तकलीफ, सुविधा-असुविधा का ध्यान रखें, आकांक्षाओं को समझे और संघर्षों को भी, फिर इस समझ के लिए वो चाहे तो साहित्य का सहारा लें या फिर अच्छी फिल्मों का

2. लोग जीवन मे आनंद, अपने कार्य की उत्कृष्टता मे ढूँढे या फिर रचनात्म्क कार्यों मे न की सतही मज़े और नशे मे

3. लोग अपने पराये की भावना से ग्रसित न हों, सही को सही और गलत को गलत कहने का साहस और सच के पक्ष मे खड़े होने का सामर्थ्य रखते हों |

4. लोग अपनी असहमति को दर्ज कर सकें, असहमत होने को शत्रु होना न माना जाए |

आपके सपनों की दुनिया कैस हो? लिख भेजिये lovekushchetna@gmail.com या lovekush@iitdalumni.com पर उसे हमारी वेबसाइट पर प्रकाशित कर दिया जाए आपके नाम के साथ |

43

साहित्य जरूरी क्यों?

"“साहित्य समाज का दर्पण होता है।”
— मुंशी प्रेमचंद"

ताकि हम अपने आस पास के लोगों के इतर खुद से दूर दराज के लोगों के जीवन, पहनावे और रहन सहन के बारे में जान सकें।

अच्छा जानना क्यों है दूर वालों के बारे में? ताकि

हम जान सकें अगर उनमें कुछ बेहतर है हमसे, जिसे अपनाया जा सके।

"हम जान सकें उनके जीवन के संघर्षों के बारे में ताकि हमें अपनी दिक्कतें बड़ी न लगें।"

हम जान सकें उनकी आकांक्षाओं के बारे ताकि जब कभी उनके साथ काम करना पड़े या उनके लिए नीतियां बनाना पड़े तो हम हम उनके व्यवहार और जरूरतों के पीछे का कारण जान सकें।

"इस तरह नए लोगों के साथ काम करना आसान होगा।"

समाज के एक तबके का इंसान दूसरे तबके के इंसान के बारे में जान ही तब पाता है जब या तो वो उनके बीच समय बिताए, या उनके बारे में फ़िल्म देखें या फिर साहित्य (कहानी, कविता, उपन्यास, लेख, रिपोर्ताज, जीवनियां, आत्मकथा इत्यादि) पढ़ें।

फिर वही प्रश्न कि आखिर जानना क्यों है ?

ताकि समाज में आपसी संघर्ष कम हों और सब एक दूसरे को साथ लेकर चलें, एक दूसरे की तकलीफ़ों के प्रति संवेदनशील रहें ताकि स्थायित्व का मार्ग प्रशस्त हो और देश में शांति बनी रहे, जीवन में शांति बनी रहे।

> *"उम्र के एक पड़ाव का इंसान उम्र के दूसरे पड़ाव के इंसान के विचारों और प्राथमिकताओं को जान पाता है, सुविधा असुविधा को जान पाता है नतीजतन तालमेल बिठाकर चलना आसान होता है, जीवन में शांति आती है और क्लेश कम से कम रहता है।"*

आज का इंसान, अपने पूर्वजों द्वारा अनुभव की गई जीवन और दुनिया की सच्चाई को पुस्तकों द्वारा पढ़कर अपने जीवन को सही दिशा दे सकता है, जिसमें अफसोस का कोई स्थान न हो, हो तो केवल उत्कृष्टता।

> *"फिर क्या सोंच रहे हैं आप ? देंगे एक घंटा रोज का ? साहित्य अध्ययन को"*

और बच्चों को भी मैथ्स साइंस के साथ-२ साहित्य पढ़ने के लिए प्रोत्साहित करेंगे और देश को बेहतर और संवेदनशील (जो दूसरों की तकलीफ़ को समझ सके) नागरिक देने का प्रयास करेंगे ?

"जहाँ साहित्य नहीं, वहाँ संवेदनशीलता मर जाती है।"

— महादेवी वर्मा

44

पढ़ने की संस्कृति का अभाव

आदरणीय शिक्षाविद, लेखक और चिंतक महेश चन्द्र पुनेठा जी की पुस्तक "शिक्षा के सवाल, लोकोदय प्रकाशन, लखनऊ" से साभार

घर में किताबें न हों। माता-पिता को किताबों से लगाव न हो। स्कूल में पुस्तकालय न हों। अगर हों तो नियमित रूप से खुलते न हों। खुलतें हों तो फटने के डर से बच्चों को किताबों में हाथ न लगाने देते हों। पाठ्येत्तर किताबें पढ़ना बच्चों के लिए फालतू काम माना जाता हो और पत्र-पत्रिकाएं समय पास व मनोरंजन के साधन। कहानी-उपन्यास पढ़ना बिगड़ने की निशानी।

पढ़ाने के तरीके ऐसे हों जो किताबों से प्रेम करना नहीं बल्कि नफरत पैदा करना सिखाते हों। साल भर कोर्स की किताबों को रटाया जाता हो भले ही बच्चे उनसे ऊब जाएं। अन्य को तो छोड़िए जब अध्यापन से जुड़े लोगों का ही अध्ययन से कोई संबंध न हो। ऐसे में भला बच्चों में पढ़ने की आदत कैसे हो?

रोना तो सभी रोते रहते हैं कि आज बच्चों की पढ़ने-लिखने में कोई रूचि नहीं रह गई है, लेकिन कितने अभिभावक और शिक्षक हैं जो इन बातों की ओर ध्यान देते हैं? टी.वी.-इंटरनेट बढ़ते प्रसार को इसका कारण मान अपने दायित्व से मुक्ति पा लेते हैं।

यह बात सोचने की है कि यदि हमारे पूरे समाज में पढ़ने की संस्कृति नहीं है तो बच्चों में कहाँ से आ जाएगी?

दरअसल पढ़ने की आदत जन्मजात नहीं होती है। उसे विकसित करने की आवश्यकता होती है।

पहले घर फिर स्कूल को इस दिशा में पहल करनी होती है। बाल्यावस्था ही इसकी सबसे आदर्श अवस्था है। जिस परिवार में पढ़ने-लिखने का परिवेश होता है बच्चों में भी वह आदत स्वयं विकसित होने लगती है। फिर पास-पड़ोस का प्रभाव होता है। बच्चे अपने बड़ों का अनुकरण करते हैं।

बच्चे उन सारे कार्यों को अपना खेल बना लेते हैं जिन्हें अपने अभिभावकों को करते देखते हैं। यही खेल बाद में धीरे-धीरे आदतों में बदल जाते हैं। लेकिन हमारे परिवेश में इसका नितांत अभाव है। कैसी विडंबना है कि अभिभावक बच्चों के लिए महंगे से महंगे खिलौने या खेल सामग्री खरीदकर ले आएंगे लेकिन कभी कोर्स से बाहर की एक किताब खरीदकर उन्हें नहीं देते हैं।

किताबों में किया जाने वाला खर्च उन्हें अनावश्यक लगता है।जन्मदिन का उपहार अन्य सबकुछ हो सकता है लेकिन किताब तो अपवादस्वरूप ही होती है!

बहुत पढ़े-लिखे माता-पिता भी ऐसा कम ही करते हैं। बच्चे पर हर वक्त स्कूली किताब पढ़ने का दबाव ही देते रहते हैं। वे यह भी ध्यान नहीं रखते कि एक ही किताब को पढ़ते रहने से बच्चा ऊब भी सकता है। ताजगी के लिए कभी उसका मन कुछ अन्य पढ़ने का भी कर सकता है। वे अपने बचपन को भी याद नहीं करते हैं। पढ़ने का संबंध केवल स्कूली पुस्तकों तक मानते हैं। वे पढ़ने और आनंद के बीच कोई संबंध नहीं देख पाते हैं। वे यह नहीं मानते हैं कि साहित्य पढने से स्कूली पढाई या जीवन निर्माण में कोई सहायता मिलती है। पढ़ने का उद्देश्य उनके लिए स्कूली परीक्षा और प्रतियोगिता परीक्षा पास करने तक सीमित होता है।

बहुत आश्चर्य होता है जब शिक्षकों के मुँह से ही यह सुनने को मिलता है कि कोर्स से बाहर की किताबें पढ़ना समय की बर्बादी है। ऐसे शिक्षक भी बहुतायत में मिल जाते हैं जो साहित्य के स्थान पर प्रतियोगितात्मक

किताबें पढ़ने का सुझाव बच्चों को देते हैं। उनका कहना होता है कि कविता-कहानी-उपन्यास पढ़ने से अच्छा है सामान्य ज्ञान की कोई किताब पढ़ी जाय। यहाँ तक कि वे विद्यालय पुस्तकालय में भी साहित्य की अपेक्षा रेफ्रेसर और प्रतियोगिता से संबंधी पुस्तकें ही खरीदने पर बल देते हैं। उनकी दृष्टि में बच्चों के लिए यही पुस्तकें उपयोगी होती हैं। साहित्यिक किताबें तो उन लोगों के लिए हैं जो खाली समय पास करना चाहते हैं। बच्चों में पढ़ने-लिखने की आदत विकसित करने के लिए बचपन में ही इसके बीज बोने होंगें। ऐसा परिवेश देने की जरूरत है कि बच्चे के भीतर पुस्तकों के प्रति प्रेम पैदा हो जाए। बच्चा किताबों से वैसा ही प्रेम करने लगे जैसा वह अपने खिलौनों से करता है। बचपन में उसे पढ़ने को ऐसी किताबें दी जाएं जो उसे आनंदित कर सकें। बच्चों के जन्म दिन पर अन्य उपहार देने की अपेक्षा अच्छी पुस्तकें उपहार में दी जाएं। बाल पत्रिकाएं भेंट की जायें। हर घर में अखबार की तरह बाल पत्रिकाएं लगायी जाएं। बच्चे पुस्तकें पढ़ना चाहते हैं पर उन्हें उपलब्ध नहीं हो पाती हैं। अधिकांश अभिभावक की किताबों से इतनी अधिक दूरी है कि वे पाठ्यपुस्तकों के अलावा अन्य किताबों की कोई जरूरत ही महसूस नहीं करते। यह सोच बदलनी होगी। हर घर में बच्चे का अपना पुस्तकालय हो। जिस घर में पुस्तकें न हों उस घर का बच्चा पुस्तकों से प्रेम नहीं कर सकता है। यदि हम चाहते हैं कि बच्चे में पुस्तक प्रेम पैदा हो तो हमें अपनी आय का एक अंश साहित्य खरीदने में व्यय करना चाहिए। हर विद्यालय में एक ऐसा पुस्तकालय होना जरूरी है जिसका उपयोग बच्चे खुद कर सकें। पुस्तकालय के रखरखाव में बच्चों को सम्मिलित किया जाय। यह शुरूआत प्राथमिक विद्यालयों से ही होनी चाहिए। अलग पुस्तकालय कक्ष न भी हो तो एक कोना तो किताबों के लिए होना ही चाहिए। हर विषय और पाठ को पुस्तकालय से जोड़ा जाय। बच्चों के मन में किताबों के प्रति प्रेम पैदा करने के लिए शुरू में ऐसा साहित्य बच्चों को पढ़ने के लिए दिया जाय जो उनमें आगे पढ़ने की रूचि पैदा कर सके। छोटी-छोटी, सरल, रोचक और उनके परिवेश से जुड़ी कहानियाँ इसमें सहायक होती हैं। बच्चे को सुना जाय। किताबों के बारे में उनसे बात की जाय। किताबों की विस्तृति दुनिया के बारे में बताया

जाय।

सरकार को भी इस दिशा में ठोस प्रयास करते हुए गाँव-गाँव तक छोटे-छोटे सामुदायिक पुस्तकालय स्थापित करने चाहिए। छोटे-छोटे स्थानों पर पुस्तक मेलों का आयोजन हो तथा सस्ती और अच्छी किताबें वहाँ पहुँचायी जाय। कुल मिलाकर पुस्तक संस्कृति का विकास किया जाय।

- महेश चन्द्र पुनेठा

45

अध्ययन को लेकर रुझान, बात अंदर की

"सीखना कभी थकाता नहीं, बल्कि मन को और अधिक ऊर्जा देता है।"
— लियोनार्डो दा विंची

बच्चों का रुझान और जरुरतें , एक प्रयास बेहतर बदलाव और समृद्धि के लिए

बच्चों को अगर भाग्यवादी नहीं बल्कि तर्कवादी बनाना है तो उन्हें अध्ययन के लिए प्रेरित करना होगा, उन्हें बताना होगा की अध्ययन से वो बेहतर तरीके से समझ पाएंगे कार्य-कारण सिद्धांत को और समझ पाएंगे की दुनिया में घट रही घटनाओं के पीछे क्या तर्क है, अलग अलग जगहों और अलग-अलग पेशों के लोगों का व्यवहार, प्राथमिकतायें अलग अलग क्यों होती है, क्यों एक काम एक इंसान के लिए सही और दूसरे के लिए गलत हो सकता है, क्यों कोई बात किसी के लिए छोटी और किसी के लिए बड़ी हो सकती है; इस तरह वो खुद को और दुनिया को बेहतर समझ पाएंगे और स्वयं के लिए क्या बेहतर है इस बात को समझकर लोगों के साथ ताल मेल बिठाकर अच्छे से आगे बढ़ पाएंगे|

और साथ ही एक आत्मनिर्भर तथा गरिमामय जीवन के लिए पैसा कमाने के लिए सही रास्ता अपनाएंगे और साथ ही उसे सही और उचित मदों पर ही खर्च करने की दृष्टि विकसित कर पाएंगे |

“अध्ययन की उपयोगिता समझ आ गयी तो रुझान आ ही जाना है |”

“तर्कवादी इंसान किस्मत के सहारे नहीं बैठता है बल्कि वो सही तरीके से खुद के लिए जो बेहतर उसे पाने के लिए उद्दयम करता है |”

“जिसकी इच्छाएं सीमित हों और जो तर्कवादी हो, कार्य कारण के सिद्धांत में विश्वास रखता है उसके द्वारा अंधविश्वास की शरण एक दुर्लभ बात हो जाती है |”

“अध्ययन ही मनुष्य को पूर्ण बनाता है।”

— फ्रांसिस बेकन

महेश चन्द्र पुनेठा

शिक्षाविद, चिंतक, लेखक और कवि

46

पुरस्कार न लेने का निर्णय

आदरणीय शिक्षाविद, लेखक और चिंतक महेश चन्द्र पुनेठा जी का आभार इस लेख के योगदान के लिए, यह लेख उनकी 2018 की फेसबुक पोस्ट से साभार लिया गया है:

बहुत सारे मित्र पूछ रहे हैं आखिर कोई पुरस्कार और सम्मान न लेने का निर्णय क्यों?

मैं विनम्रता से अपना पक्ष सभी मित्रों के सामने रखना चाहता हूं। पुरस्कार या सम्मानों को लेकर पिछले कुछ सालों में मेरी समझदारी बदली है। मुझे लगता है कि प्रतियोगिता, पद और पुरस्कार सामंतवादी और पूंजीवादी व्यवस्था के ऐसे औजार हैं ,जो समाज में लोगों को श्रेणीबद्ध करने का काम करते हैं। समाज के कुछ व्यक्तियों को इनके माध्यम से खास बनाकर उनके ही समूह से अलग कर दिया जाता है बिल्कुल उसी तरह जैसे स्कूल-कॉलेजों में परीक्षाओं के द्वारा किया जाता है।

पद और पुरस्कार एक तरह से सामूहिकता के मूल्य को कमजोर कर व्यक्तिवाद को बढ़ाते हैं । 'सबको साथ लेकर भी आगे बढ़ा जा सकता है ' की भावना को खत्म करते हैं। जबकि वास्तविकता यह है कि व्यक्ति के कुछ होने में वह अकेला कहां होता है , बहुत सारे लोग उसके इस होने

में शामिल होते हैं ,लेकिन जब वह सम्मानित या पुरस्कृत होता है, उसके होने की यात्रा में शामिल तमाम-तमाम लोग पूरी तरह से भुला दिए जाते हैं। याद भी किए जाते हैं तो केवल वही जो उस के बहुत नजदीक होते हैं।आज के दौर में सामूहिकता के भाव को बचाने की अत्यधिक जरूरत है। बाजारवादी व्यवस्था द्वारा इसी पर सबसे अधिक चोट की जा रही है । मैं सामूहिकता को लोक की सबसे बड़ी ताकत मानता हूं । मुझे लगता है कि हमें ऐसी किसी भी बात से सतर्क रहना चाहिए, जो हमें 'आम' से काटकर खास बना देती है ।

पद और पुरस्कारों का एक पहलू और भी है कि इनकी चाह व्यक्ति को आत्म केंद्रित और महत्वाकांक्षी बना देती है । इसके मोह में पड़कर वह अपने मुख्य उद्देश्य से भटक कर इनकी प्राप्त की दौड़ में शामिल हो जाता है।

बाह्य अभिप्रेरण और किसी के काम को सम्मान देने के नाम पर थोड़ी देर के लिए यदि पुरस्कारों का समर्थन भी कर लिया जाए, लेकिन जिस तरह से आज पुरस्कार लिए दिए जा रहे हैं और जैसी भ्रष्ट सत्ताओं और व्यक्तियों के हाथों प्रदान किए जा रहे हैं, उसको देखते हुए यह तर्क भी व्यर्थ लगने लगता है। इससे बड़ी विडंबना क्या हो सकती है कि एक साहित्य समाज और संस्कृति कर्मी जीवन भर जिनके खिलाफ संघर्ष करता है, उन्हीं के हाथों उसे पुरस्कृत या सम्मानित होना पड़ता है। समझा जा सकता है कि यह कैसा और कितना सम्मान है ?

इन परिस्थितियों को देखते हुए कुछ वर्ष पूर्व मैंने जीवन में किसी तरह का कोई भी सम्मान या पुरस्कार न लेने का संकल्प लिया। इसका सम्बन्ध किसी पुरस्कार और सम्मान विशेष से न जोड़ा जाए।

- महेश चन्द्र पुनेठा

47

Whatsapp स्टेटस

अपने घूमने टहलने और नयी नयी ड्रेस के फोटोज ही साझा करने हैं या कुछ और भी किया जा सकता है?

आइए देखते हैं :

लोगों के मनमाने व्यवहार और असीमित उपभोग की आकांक्षाओं ने धरती और सभ्यता को संकट में डाल दिया है - ग्लोबल वार्मिंग, बिखरते रिश्ते, तनाव, बेरोजगारी और असुरक्षा की भावना, सामाजिक प्रतिष्ठा की चाह के चलते समाज से रिकग्निशन पाने की गैर जरूरी हद तक कामना इत्यादि।

जब अमूमन वाट्सैप स्टेटस पर पर्यटन के फोटोज या सतही ज्ञान के वीडियो/फोटो दिख रहे हों उस बीच " जीवन, मानव मन और दुनिया की बारिकियों या फिर इंसान की विरोधाभासों से भरी जिंदगी पर एक नजर डालने का इशारा है। "

हो सकता है कि २५० लोगों में ऐसे भी लोग हों जो स्टेटस में लेख या उक्ति देख बिना पढ़े आगे बढ़ा देते हों

कुछ ऐसे होंगे जो सहमत न होते होंगे और इन्हें किताबी बातें बोलकर चिढ़ जाते हों

कुछ ऐसे होंगे जो आंशिक रूप से सहमत होते होंगे

कुछ तो इन्हें जीवन में उतारते होंगे

कुछ के दिमाग के किसी कोने में पड़ जाते होंगे, ताकि वक्त जरूरत स्पष्टता में काम आयें

कुछ के जीवन में चल रहे झंझावातों और उलझनों का समाधान मिल जाता होगा

कुछ तो मेरे स्टेटस को रिपोस्ट करते हैं अपनी वाल पर

या वो खुद भी उक्तियों को स्टेटस में लगाना आदत में ले आते हैं।

मेरी कल्पना में है वो एक दिन जब आपकी कांटैक्ट लिस्ट के कई लोगों के वाट्सैप स्टेटस में होंगी ऐसी पंक्तियां जो हमारी समस्या का हल हो सकती हैं

या हमें हमारी मानसिक गुलामी का एहसास करा सकती हैं

या हमें हमारे जीवन के झूठ को आयने में दिखा सकने की क्षमता रखती होंगी

या फिर वो हमारे जीवन और समाज की असली और केंद्रीय समस्या की तरफ हमारा ध्यान खींच सकती हैं

या वो हमें ये अहसास दिला सकती हैं कि हमें कोई अधिकार नहीं अपनी आराम और विलासिता के लिए, समाज और वातावरण को खतरे में डालने का

या वो लोगों, स्वयं और दुनिया को लेकर हमारे भ्रम को तोड़ हमें तनाव और दबाव से मुक्त कर सकती हैं।

अगर आप भी किसी बिंदु से सहमत हैं तो उठाइए एक कदम खुद की और उस माहौल और उस हवा को बेहतर करने को जिसमें हम सांस लेते हैं।

जब हमारे कार्य के पीछे जनहित होता है फिर हमें ये न सोचना चाहिए कि लोग (संकीर्ण समझ के लोग) हमारे बारे में क्या सोचते हैं।

"अज्ञानता से बड़ा कोई अंधकार नहीं, और जागरूकता से बड़ा कोई प्रकाश नहीं।"

— स्वामी विवेकानन्द

48

दो टूक और वन लाइनर

“जब लोग जागरूक होते हैं, तब समाज में परिवर्तन स्वतः होने लगता है।”

— नेल्सन मंडेला

सही काम में लगे रहो, बिना तारीफ की आकांक्षा के क्योंकि अमूमन लोग तारीफ और समर्थन आपकी नहीं अपनी जरूरत और सहूलियत के हिसाब से करते हैं, जिस दिन आपका काम जिस इंसान को महत्व का लग जायेगा फिर उसकी तरफ से तारीफ भी होगी और समर्थन की पेशकश भी।

जिस दिन हम "तथाकथित" छोटे से छोटे पद वाले इंसान को भी इंसान समझकर उसकी गरिमा का सम्मान करते हुए मान देंगे उस दिन "तथाकथित" बड़े पद वाले लोगों के प्रति इनके मन से जलन कुछ कम हो जाएगी |

जैसे एक ड्राइवर भी चाहता है कि लोग उसे ड्राइवर नहीं उसके नाम से बुलाएँ जिसे उसके माता पिता ने बड़े प्यार से रखा होगा |

हार-जीत से ज्यादा महत्वपूर्ण है हौसला ।

अगर सही लड़ाई लड़कर हार भी गए तो वो जीत है क्योंकि आपने ये दिखा दिया कि ग़लत और अन्याय करने वाले बेरोकटोक अपना काम

नहीं कर सकते, उन्हें कीमत चुकानी पड़ेगी।

आपका हौसला ही उन्हें उनके ग़लत होने का एहसास कराएगा उन्हें मजबूर करेगा कि वो अपने अन्यायपूर्ण निर्णय पर पुनर्विचार करें।

अन्याय करने वाला आपको भ्रम में डालकर आपके हौसले को डगमगा सकता है अतः जिन चीजों को लेकर आप विरोध क़र रहे हैं या जिन मांगों को लेकर आप संघर्ष कर रहे हैं, उनको लेकर स्पष्टता रखें ताकि आपको संशय या दुविधा में डालकर आपका हौसला न कम किया जा सके क्योंकि लोग हौसला तोड़कर ही पराजित करते हैं।

"जागरूक नागरिक ही एक मजबूत राष्ट्र का निर्माण करते हैं।"

— डॉ. भीमराव अम्बेडकर

"स्मिता पाटिल", एक बेहतरीन अभिनेत्री, जो मुख्यधारा के सिनेमा से ज्यादा समानान्तर सिनेमा के जरिये पिछड़े तबके के लोगों के जीवन को पर्दे पर लाने के लिए जानी गयीं।

अंतस

49

कुछ अन्य सवाल

1. **काबिलियत बनाम सत्यनिष्ठा-** कोई इंसान काबिल बहुत हो लेकिन भरोसेमंद न हो तो क्या आप उसे नौकरी ओर रखेंगे ? फिर क्या जरूरी हुआ, काबिलियत या सत्यनिष्ठा ?
2. **काबिल होना बनाम कार्य करने की इच्छा होना** - कार्य करने की इच्छा नही तो आप जबरदस्ती कब तक कार्य करा पाएंगे ?
3. **क्या आप ठहरकर अच्छे कामों की तारीफ या उन्हे सहयोग की पेशकश करती हैं ?** यदि नहीं तो कैसे उम्मीद कर सकती हैं कि समाज मे अच्छे से कार्य करने वालों के संख्या बढ़ेगी, अगर पूरा मान पहनावे, दिखावे को मिलेगा तो लोग अपना काम अच्छे से करने को कैसे प्रेरित होंगे भला!
4. **कहीं आप एक तरफा निर्णय तो नहीं लेते?** क्या सुनते हैं दोनों पक्षों की?
5. **समय को कहाँ लगाना, आपके लिए समझदारी है ?** अध्ययन, अध्यापन, व्यायाम, चर्चा, कौशल और परोपकार के बारे में क्या ख्याल है ?
6. **सच्चाई का सामना करने को तैयार रहते हैं?** किसी इंसान को समग्रता मे स्वीकार करना आता है? माने उसकी पृष्ठभूमि से जो खूबियाँ आई हैं, उनके साथ कुछ खामियां भी आती हैं, क्या उन्हे भी

स्वीकार कर पाते हैं? भले ही बाद मे वो खामियों पर समूहिक रूप से काम किया जा सके|

7. **यथार्थ से प्रेम करते हैं?**, या अपनी कल्पनाओं और पूर्वाग्रहों की दृष्टि से ही लोगों और दुनिया को देखते हैं?
8. **मनोरंजन का जरिया क्या है आपका?** कहीं दूसरों का मज़ाक या उन्हे तकलीफ देना तो नहीं !
9. **किनकी संगति अच्छी लगती है?** जो केवल हसाते रहें या उनकी जो हास्य विनोद के साथ आपको जीवन के सच्चाई से भी रूबरू करवाएँ? उनकी संगति जो हाँ मे हाँ मिलाएँ या उनकी भी जो आपकी खामियों और गलतियों की तरफ भी इशारा करें ?
10. **अकेले हो जाने से डर लगता है ?** फिर आप सच का समर्थन कैसे करेंगे ?
11. **कहीं आप एक ही तरह के विचारों के ही संपर्क मे तो नहीं?** विरोधी विचारधाराओं को भी सुने ताकि दृष्टि मे समग्रता आ सके |
12. **किन बातों का डर है, आपको ?** उम्र का? प्रतिष्ठा का ? चीजों के संग्रह के चोरी हो जाने का ? कभी आज़ादी, सच्चाई, गरिमा और उत्कृष्टता के बारे मे भी सोचो|
13. **जीवन को किसी उद्देश्य से जोड़ा है या किसी इंसान से?** अगर इंसान से जोड़ लिया है तो यदि वह इंसान, आपको मान ही न दे तब ? या वह इंसान आपसे पहले चल बसा तब? क्योंकि इंसान का शरीर तो खत्म होने से ही बना है| क्या विचार है यदि जीवन को सच के समर्थन या समाज मे उत्कृष्टता के प्रचार मे लगाने को बोल जाए ?
14. **क्या आप अपनी अपेक्षाएं, खुलकर व्यक्त कर पाते हैं लोगों के साथ ?** यदि नहीं तो क्यों ? कोई डर है ? या छोटा महसूस करते हैं ?
15. **क्या अपनी असहमति को खुलकर कम्युनिकेट कर पाते हैं ?** अगर नही तो कहीं आप नुकसान के डर मे तो नहीं ?
16. **रिश्तों और दोस्ती का आधार क्या है आपके जीवन में ?** हाँ मे हाँ मिलाने का करार? या साथ घूमने का करार? या कोई फ़ेवर करने की अण्डरस्टैंडिंग? क्या इरादा है अगर जुड़ाव का आधार एक दूसरे की आत्मिक उन्नति, जरूरी मुद्दों पर साथ देना, एक दूसरे के जीवन मे

शांति लाना, सार्थक बहस से एक दूसरे की समझ को पुष्ट करने के लिए चर्चा-साथी बनना हो ?

17. **झूठ बोलने के क्या कारण हो सकते हैं?** कहीं जज किए जाने का पूर्वाग्रह तो नहीं ? सहूलियत और फ़ेवर पाने की कुत्सित चाह तो नहीं ? गुस्से से बचने का प्रयोजन तो नहीं ?
18. **सारी समस्याओं की जड़-** मनुष्य का अज्ञान, दूसरों का ही नहीं आपका भी! आपको क्या लगता है कि आप जानते हैं कि आपका भला किस चीज़ मे हैं ?

50

अंतस से सवाल करती कविताएं

आदरणीय शिक्षाविद, लेखक, कवि और चिंतक महेश चन्द्र पुनेठा जी की पुस्तक "अब पहुंची हो तुम, समय साक्ष्य प्रकाशन, देहारादून" से साभार

कुएँ के भीतर कुएँ

क्षेत्र का कुआँ

भाषा का कुआँ
धर्म का कुआँ
जाति का कुआँ
गोत्र का कुआँ
रंग का कुआँ
नस्ल का कुआँ
लिंग का कुआँ
कुएँ के भीतर कुएँ बना डाले हैं तुमने
एक कुआँ
उसके भीतर एक और कुआँ
फिर एक और कुआँ

खत्म ही नहीं होता है यह सिलसिला
सबसे भीतर वाले कुएँ में
जाकर बैठ गए हो तुम
खुद को सिकोड़कर
जहाँ कुछ भी नहीं दिखाई देता है
मुझे शक है
कि तुम खुद को भी देख पाते हो या नहीं
लोग कहते हैं तुम जिन्दा हो
पर मुझे विश्वास नहीं होता है
एक जिन्दा आदमी
इतने संकीर्ण कुएँ में
कैसे रह सकता है भला !

सोया हुआ आदमी

कितना दयनीय लगता है
बस के सफर में
सोया हुआ आदमी
पेंडुलम की तरह झूलती हुयी उसकी गर्दन
बाईं ओर से घूमती हुयी अक्सर दाईं ओर लटक जाती है
कभी-कभी टकरा जाती है अगल-बगल के
अपने ही जैसे अन्य सोये हुए लोगों के सिरों से
फिर कभी एक-दूसरे के कंधे का सहारा पाकर
स्थिर हो जाती है
अचानक ब्रेक लगने पर टकराती है अगली सीट से
बगल वाले के धकियाने या अगली सीट से टकराने पर
खुद को संभालते हुए गर्दन को एकदम सीधा कर
बैठ जाता है वह
जैसे कुछ हुआ ही न हो
यह जतलाना चाहता है

कि वह पूरे होशो-हवाश में सफर का आनंद ले रहा है
लेकिन कुछ ही देर बाद
फिर आँखें बंद और गर्दन लटकने लगती है
जैसे उसके वश में कुछ भी नहीं
हो सकता है रात को पूरी नींद न ले पाया हो बेचारा
पता नहीं दुनिया के किन झंझटों फँसा रहा हो
वैसे भी इस पेचीदा दुनिया में सबकुछ कहाँ किसी के वश में।
बस के भीतर होने वाले किसी भी हलचल से
अनभिज्ञ रहता है सोया हुआ आदमी-
जेब कतरा कब जेब साफ करके निकल गया
या कंडक्टर के बगल में बैठी लड़की
क्यूँ बस की सबसे पीछे वाली सीट पर जा बैठी
उसे इस बात का अहसास भी नहीं रहता है
कि
बस किस गति से भाग रही है?
क्यूँ पिछले ढाबे में खाना खाने के बाद
अचानक बस की गति बढ़ गयी ?
नींद की गोद में बैठे
हिचकोले खाते हुए
एक अलग ही स्वप्नलोक में तैर रहा होता है वह
अपने ही दांतों के बीच
कब जीभ आ गयी
पता ही नहीं चलता उसे
माना जाता है कि किसी भी दुर्घटना में
मारे जाने की
सबसे अधिक आशंका
सोये हुए आदमी की ही होती है
फिर भी
सोये रहने में ही
सबसे अधिक आनन्द पाता है

लवकुश कुमार

सोये रहने को विवश आदमी
उसे जगाये रखना आसान नहीं।

-महेश चन्द्र पुनेठा

51

बाल विज्ञान खोजशाला

"संवेदना, जिज्ञासा और कविता पर आधारित एक अध्याय "

बाल विज्ञान खोजशाला, बेरिनाग, पिथौरागढ़(उत्तराखंड) के प्रणेता आदरणीय आशुतोष उपाध्याय सर का आभार कि उन्होने अपनी कविताओं को पुस्तक मे शामिल करने को सहर्ष सहमति दी, उनकी कविताओं से पहले उनका एक विनम्र संदेश:

"मैं बुनियादी तौर पर कवि हृदय नहीं हूँ। यानी कविताएं मेरे भीतर फूटती नहीं हैं, बल्कि मुझे किसी कारपेंटर की तरह इन्हें मेहनत से गढ़ना पड़ता है। एक साधारण विज्ञान संचारक होने की वजह से मैं विज्ञान आधारित बाल साहित्य की खोज करता रहता हूँ। इस सिलसिले में मैंने पाया कि हिंदी में बच्चों का साहित्य 'मनुष्य केन्द्रित' (anthropocentric) दृष्टिकोण से बुरी तरह संक्रमित है। इस समस्या से निपटने के लिए मुझे ऐसी कविताओं के सृजन की ज़रूरत महसूस हुई, जो दुनिया को पारिस्थितिकीय (ecological) दृष्टि से देखें।"

बाल विज्ञान खोजशाला समिति बच्चों में वैज्ञानिक सोच, जिज्ञासा और अन्वेषण-वृत्ति को प्रोत्साहित करने की एक विनम्र किंतु सशक्त पहल है। यह समिति पिछले एक दशक से सीमित संसाधनों के बावजूद उत्तराखंड के दुर्गम पहाड़ी क्षेत्रों में सक्रिय रूप से कार्य कर रही है। समिति

का उद्देश्य है कि बच्चे अपनी प्रारम्भिक शिक्षा से ही विज्ञान के प्रति रुचि विकसित करें और प्रयोग, अनुभव तथा खोज के माध्यम से अपने प्रश्नों के उत्तर स्वयं तलाशने के कौशल विकसित करें। (नवारुण द्वारा प्रकाशित टेबल कलेंडर से साभार)

समिति के क्रियाकलापों को फेसबुक और यूट्यूब सरीखे माध्यमों से जाना और समझा जा सकता है|

स्वर्ग का दुःस्वप्न

सोचो तो...

साइंस के हवाले से एक दिन अगर
चींटियां अपनी ज़मीन का,
कीड़े-मकोड़े अपने फूलों और फ़सलों का,
मछलियां अपने पानी का,
पंछी अपने आसमान का,
और पेड़-पौधे अपनी हवा का
हिसाब मांगने लगे
तो हम क्या जवाब देंगे?
पांच अरब साल पुरानी इस धरती का
सबसे नया और कमज़र्फ़ जीव
महज़ अपने क़िस्से-कहानियों के बूते
समूची कायनात पर क़ाबिज़ है,
इस गफलत में कि
अपने सहोदरों को बेदखल कर
रच लेगा अपने लिए एक स्वर्ग!
मगर इस बेवक़ूफ़ी का नतीजा
आख़िर निकलता भी क्या?
तरह-तरह के बेशुमार जीवों की सांसों में
बजने वाला धरती का जीवन संगीत
धीरे-धीरे ढल रहा है...

और इंसानी करतूतों की बदौलत
ब्रह्माण्ड का सबसे खूबसूरत ग्रह
हमारी आंखों के सामने
एक नर्क में बदल रहा है

मिट्टी बोली

मिट्टी बोली इंसानों से- बोलो तो
सचमुच मुझको जान सके हो? बोलो तो
मुझमें कितनी परतें हैं तुम जान गए
मेरी सारी किस्मों को पहचान गए
किस मिट्टी में क्या उगता है तुम्हें पता
क्या ज्यादा क्या कम है मुझमें जान गए
फिर मेरी क्यों हालत बिगड़ी? बोलो तो
मिट्टी बोली इंसानों से- बोलो तो
मिट्टी है इक ईकोसिस्टम खोज लिया
कैसा जादू कर सकती है खोज लिया
मुझमें कितने जीवन पलते तुम्हें पता
इन जीवों से मेरा रिश्ता खोज लिया
किसको मेरी नहीं ज़रूरत ? बोलो तो
मिट्टी बोली इंसानों से- बोलो तो
मिट्टी कहती हमसे- अपनी हद जानो
कुदरत के हर फल को अपना मत मानो
मेरी सेहत पर निर्भर है सारा जग
मिट्टी की मिट्टी करने की मत ठानो
मान सकोगे क्या ये बातें! बोलो तो
मिट्टी बोली इंसानों से- बोलो तो

हद में रहो और बांटो प्यार

पंछी नभ की हद में रहते
मछली को पानी की जेल
जंगल की सीमा के भीतर
जानवरों के चलते खेल।
शेर नहीं जंगल का राजा
न ही लोमड़ी चतुर सुजान
आस्तीन का सांप बताकर
कौन बांटता झूठा ज्ञान ?
कुछ को तुमने मार-भगाया
कुछ को किया बेइंतहा प्यार !
मित्र-शत्रु में बाँटा किसने
जीव जंतुओं का संसार ?
कुदरत के रस्ते पर चलतीं
कुदरत की बाकी संतान
इंसानो ! बस तुम भटके हो
भूल गए असली पहचान !
धरती पे शासन का तुमको
है किसने अधिकार दिया
झूठे किस्से गढ़कर तुमने
चाहा जिसको मार दिया।
यह धरती एक कुनबा प्यारे
सबका है इस पर अधिकार
हड़पो नहीं किसी का हिस्सा
हद में रहो और बांटो प्यार।

कछुए

सागर तट पर बैठे कछुए
लेकर कठिन सवाल
बिगड़ रही धरती की सेहत

उनका कौन हवाल ?
किसकी जिद के आगे बोलो
नहीं किसी की चलती?
बदल रही जलवायु देखकर
कुदरत आँखें मलती!
रूम कछुओं की सात जातियां
सागर जल में रहतीं
खतरे में है सबका जीवन
हर पल सुनती रहतीं
किसकी कारिस्तानी है ये,
कोई हमें बताए
क्यों हजार अंडों में केवल
इक कछुआ बच पाए?
दुनिया भर का कूड़ा-कचरा
सागर में जब आता
सागर के ईको सिस्टम को
जहरीला कर जाता
जीव-जंतु सब संकट में हैं
किसने पता लगाया ?
कौन सिरफिरा विपदाओं के
बादल लेकर आया?

एक ही धरती है!

एक ही धरती है, फिर भी तुम क्यों इतना इतराते हो
अपने कदमों की छापों से सब तस्वीर मिटाते हो।
कितनी भूख बढ़ा ली तुमने तुमको कितना खाना है?
क्यों करते हो इतना लालच इक दिन सबको जाना है।
मंत्र मुनाफ़े का पढ़ते हो हिस्सा सबका लूट रहे
धरती का दम घोंट रहे हो खुद को सबसे सभ्य कहे!

कैसे खुद को धरती माँ का मनसबदार बताते हो !
अपने कदमों की छापों से सब तस्वीर मिटाते हो।
अरबों निहारिकाएं नभ में ग्रह नक्षत्र अनेक हैं
जीवन को जो जन्म दे सके ऐसी धरती एक है।
पालन सबका कर सकती है धरती में क्षमता-साधन
पर क्या लोभ के दलदल से निकल सकेगा मानव मन?
हद में रहना सीखोगे तुम क्या यह शपथ उठाते हो?
अपने कदमों की छायों से सब तस्वीर मिटाते हो।

रंग बदलते गिरगिट

रंग बदलते गिरगिट क्यों बदनाम हुए?
फसलों के रखवाले क्यों बदनाम हुए?
धूप सोखते, ठंड बिलाते
पानी में जब भीग के आते
गुस्सा करते, प्यार जताते
या फिर अपनों से बतियाते
इत्ते भर से तुम पूरे गुलफ़ाम हुए!
रंग बदलते गिरगिट क्यों बदनाम हुए?
नज़रें इनकी गजब निराली
इधर भी डाली, उधर भी डाली
लंबी चिपचिप जीभ निकाली
कीड़ों की तो शामत आली!
इंसानों पर तुमने बस एहसान किए
रंग बदलते गिरगिट क्यों बदनाम हुए?

फूल

हमको डालों पर रहने दो भाई
चुनने की लत तुम्हें किसने लगाई ?

दुःख हो या सुख हो, हम ही मरेंगे
हमको बिछाकर वो स्वागत करेंगे
फूलों के होने का मतलब पता है?
हम हैं तो हम से ये जंगल सजा है!
क्या तुमने सीखा, की क्या पढ़ाई ?
सोचो ये रस्में किसने बनाईं !
हमको डालों पर रहने दो भाई
चुनने की लत तुम्हें किसने लगाई ?
कीटों-पतंगों से रिश्ता घना है
रिश्तों से जीवन का धागा बना है
फूलों के खिलने से खिलता है जीवन
भोजन की चरखी की तोड़ो ना सीवन
फूलों की अपनी ही मंजिल है भाई
तुमको मगर काहे अक्कल ना आई !
हमको डालों पर रहने दो भाई
चुनने की लत तुम्हें किसने लगाई?

-आशुतोष उपाध्याय

जिस कैलेंडर से यह कविताएं मुझ तक और भी तमाम लोगों तक पहुंची, उसे डिज़ाइन किया है विनोद उप्रेती सर ने और मुझ तक पहुँचाने के निमित्त भी बने, सादर धन्यवाद, इस रचनात्मक और जरूरी कार्य के लिए, आप बाल विज्ञान खोजशाला समिति के सचिव हैं|

मृणाल सेन, फिल्म निर्देशक

बेहतरीन फिल्में हमारी समझ को विस्तार देती हैं।

कुछ बेहतरीन पुस्तकें

यहाँ मै उन पुस्तकों की एक सूची साझा कर रहा हूँ, जिन्हे पढ़कर अपनी समझ को विस्तार दिया जा सकता है, जो न केवल आपको समन्वय करने में मदद करेंगी बल्कि साथ मे आपको, अपने लिए निर्णय लेने और चीजों को चुनने में, विभिन्न परिस्थितियों मे अपना भला बुरा समझने मे मदद करेंगी, यह वह किताबें हैं जो आपके सवालों का जवाब दे सकती हैं|

इस सूची को तैयार करने मे मेरे इतर कई सुधी पुस्तक साथियों (Bookmates) और शोधार्थियों का योगदान है, जिनके नाम हैं:

विशाल दा, सौम्या जी, शीतल जी और प्रिया जी, आप सबका का आभार |

सारा आकाश –राजेंद्र यादवः एक युवा की बेरोजगारी, पारिवारिक दबाव और स्वतंत्रता की तलाश की कहानी।

यादों की बारात – जोश मलीहाबादीः एक उर्दू शायर की आत्मकथा, जो विभाजन और उसकी व्यथा का दस्तावेज़ है।

उसके हिस्से की धूप – मृदुला गर्गः एक नारी की स्वतंत्रता और प्रेम-विवाह के बीच की लड़ाई की क्रांतिकारी कहानी।

तीन एकांत – निर्मल वर्माः तीन मोनोलॉग वाली कहानियाँ, जो अकेलेपन और आत्मसंवाद को उजागर करती हैं।

गबन – मुंशी प्रेमचंदः दिखावे की चाह और आर्थिक शोषण के कारण एक युवक का पतन।

नैनीताला नैनीताला – पुष्पेश पंतः नैनीताल की आत्मा, एक शहर और लेखक के बीच जुड़ाव का जादुई वृत्तांत।

छानी-खरीकों में: जहाँ रास्ता नहीं होता – उमेश पंतः उत्तराखंड की दूरस्थ यात्राओं का संवेदनशील चित्रण, जो समाज, प्रकृति और बदलते वक्त का अध्ययन है।

रात का रिपोर्टर – निर्मल वर्माः आपातकाल और मानसिक संकट की पृष्ठभूमि में एक पत्रकार की आंतरिक लड़ाई की गहराई से लिखी गई

कहानी।

तुम पहले क्यों नहीं आए ? - कैलाश सत्यार्थी

बालश्रम और मानवता के लिए सतत संघर्ष करने वाले कैलाश सत्यार्थी द्वारा लिखी गई 12 बच्चों की जीवन कथाएं है।

कगार की आग - हिमांशु जोशी - एक "दलित" "महिला" की मार्मिक कथा

नौकर की कमीज — विनोद कुमार शुक्ल

मध्यमवर्गीय जीवन की छोटी-छोटी परेशानियों और आत्मसम्मान को बेहद संवेदनशील तरीके से समझने के लिए।

गोदान — मुंशी प्रेमचंद

भारतीय किसान के संघर्ष और सामाजिक व्यवस्था की सच्चाई को गहराई से दिखाने वाला महान उपन्यास।

गुनाहों का देवता — धर्मवीर भारती

प्रेम, त्याग और भावनाओं की जटिलता को बहुत मार्मिक तरीके से समझने के लिए।

राग दरबारी — श्रीलाल शुक्ल

भारतीय ग्रामीण राजनीति और व्यवस्था पर तीखा व्यंग्य, समझने के लिए।

The Alchemist — Paulo Coelho

अपने सपनों का पीछा करने और जीवन का उद्देश्य खोजने और स्वयं में पाने की प्रेरणा देने वाली कहानी।

1984 — George Orwell

सत्ता, निगरानी और स्वतंत्रता पर खतरे को समझने के लिए।

मैला आंचल — फणीश्वर नाथ रेणु

भारतीय गाँव के जीवन, राजनीति और संस्कृति का बहुत जीवंत चित्र देखने के लिए।

कामायनी — जयशंकर प्रसाद

मानव भावनाओं और दर्शन को काव्यात्मक रूप में समझने के लिए।

चित्रलेखा — भगवती चरण वर्मा

पाप और पुण्य के असली अर्थ पर गहरा दार्शनिक सवाल उठाने वाली कहानी।

The Psychology of Money — Morgan Housel

पैसा कमाने से ज़्यादा, पैसे के बारे में सही सोच विकसित करने के लिए।

To Kill a Mockingbird — Harper Lee

न्याय, नस्लवाद और इंसानियत के मूल्यों को समझने के लिए।

विशाल चन्द जी समाजशास्त्र के शोधार्थी, पाठक और संवेदनशील शिक्षार्थी हैं। नवीन ज्ञान अर्जन और सतत सीखना आपके व्यक्तित्व का अभिन्न हिस्सा है। पुस्तकों का पठन और संग्रहण आपको विशेष प्रिय है।

आपके भीतर एक घुमक्कड़ चेतना भी सक्रिय है, जो आपको नए लोगों, स्थानों और अनुभवों से जोड़ती रहती है। बागवानी आपके लिए प्रकृति से संवाद का माध्यम है।

आप समाज को अपने स्वतंत्र दृष्टिकोण से देखने और विभिन्न समूहों के साथ मिलकर सामाजिक दायित्वों के निर्वहन को निरंतर प्रयासरत रहते हैं। आपने अपने अपने सामाजिक मीडिया पेज पर बहुत सी अच्छी किताबों पर अपनी लघु समीक्षाएं प्रकाशित कर राखी हैं, जिसे

विशाल चन्द @reading_owl.3

https://www.facebook.com/vishal.chandji

Reading Owl Facebook page

https://www.instagram.com/reading_owl.3 से एक्सैस किया जा सकता है |

तृषित - डा. प्रीति अग्रवाल - संघर्ष का सामना दृढ़ता से करते हुये हमेशा समाज के लिए कुछ अच्छा करने की चाह, एक जुझारू और सहृदय युवक की कहानी जो राष्ट्रपति का निजी सचिव बना और लाखों युवाओं का आदर्श भी

गीता का ज्ञान - डा. विजय अग्रवाल - भगवद्गीता की समझ विस्तृत और व्यावहारिक रूप में हमारे सामने जाती है।

मिथकों से विज्ञान तक- गौहर रजा - ग्रंथों के प्रति एक तार्किक दृष्टिकोण विकसित करने तथा भूगोल की बेहतर समझ के लिए

बूढ़ा आदमी और समुद्र- अर्नेस्ट हेमिंग्वे - कैसे एक व्यक्ति निरंतर संघर्षशील रहकर भी खुश रहता है।

सत्य के मेरे प्रयोग- महात्मा गांधी- सत्य को बिना झिझक दृढ़ता से कहना

जानदार व्यक्तित्व- आचार्य प्रशांत - स्वयं के कमजोर पहलुओं को समझकर सुधारने की यात्रा

अग्नि की उड़ान- एपीजे अब्दुल कलाम - नेतृत्व की समझ तथा निरंतर सुधारवादी रूख

सौम्या जी इतिहास मे परास्नातक हैं और शिक्षण का अनुभव रखने के साथ समसामयिक विषयों पर लेखन और चिंतन उनकी दिनचर्या का हिस्सा हैं| सामाजिक सरोकारों और स्त्री विमर्श पर लिखना वह अपना शैक्षिक दायित्व समझती हैं |

आजादी मेरा ब्रांड - अनुराधा बेनीवाल, अकेली लड़की के यूरोप घूमने की कहानी।

बेहया -विनीता अस्थाना, स्वतंत्र स्त्री का जीवन, घरेलू हिंसा और उसके चरित्र पर सवाल उठता समाज।

जितनी मिट्टी उतना सोना - अशोक पांडे उत्तराखंड के सुदूर हिमालय में बसी रं जनजाति की परंपरा को समझने में मददगार।

उसके हिस्से की धूप -मृदुला गर्ग, विवाह से इतर प्रेम और आत्मतलाश में भटकती स्त्री की कहानी

तुम्हारे लिए -हिमांशु जोशी, छात्र जीवन, संघर्ष, प्रेम और शहर से जुड़ाव।

डार से बिछुड़ी -कृष्णा सोबती, अपनो द्वारा त्याग और स्त्री जीवन की त्रासदी की कहानी।

शीतल जी, उत्तराखंड के पिथौरागढ़ जिले के एक दूरस्थ पहाड़ी गांव भट्टयूडा से आती हैं। आपने अपना परास्नातक, भूगोल विषय में लक्ष्मण सिंह मेहर कैंपस पिथौरागढ़ से किया है। आप सामाजिक खांचों में फिट नहीं होना चाहती, इसे इस परिप्रेक्ष्य मे देखें कि आप हर वह

रिवाज नकारना चाहती हैं जो आपको एक लड़की होने का हवाला देकर कम आंकते हो।

किताबें संवेदनशील ,सामाजिक ,निर्भय और वैज्ञानिक चेतना देती हैं, अतः किताबें पढ़ना, नया जानते रहकर अपनी समझ को विस्तार देते रहना आपकी आदत मे शुमार है। आपको फिल्में देखना पसंद है, और घूमना भी। भूगोल आपको अपनी ओर खींचती है साथ ही नए और रचनात्मक लोगों के साथ बात करने और उनके बारे में जानने को उत्सुक रहती हैं |

सदा सफल हनुमान-- यह एक अद्भुत पुस्तक है इस पुस्तक में हनुमान जी के चरित्र के प्रबंधन और समन्वय से कार्य करने के तरीके/ गुणों पर प्रकाश डाला गया है |

लेखक--- डॉ विजय अग्रवाल

पढ़ो तो ऐसे पढ़ो -- इस पुस्तक में कैसे पढ़ना चाहिए ताकि याद रखना, समझना और समझाना आसान हो सके, इस बारे में बहुत विस्तार से बताया है

लेखक--- डॉ विजय अग्रवाल

स्टूडेंट और मन की शक्ति-- इस पुस्तक में विद्यार्थियों के विद्यार्थी जीवन की समस्याओं के बारे में बताया गया है और मन की शक्ति पर प्रकाश डाल एक सही दिशा देकर, विद्यार्थियों को दक्षता और आत्मविश्वास के लिए जरूरी गुर सिखाये गए हैं |

लेखक--- डॉ विजय अग्रवाल

तृषित --- इस पुस्तक में डॉक्टर विजय अग्रवाल सर की जीवन कथा के बारे में बताया गया है उनके जीवन में उन्होंने कितने संघर्ष किए हैं उनका विस्तार से वर्णन किया गया है यह बहुत ज्यादा प्रभावित करने वाली और हिम्मत देने वाली पुस्तक है, जिससे स्टूडेंट अपने मन में सर की बातों को उतार सकें और अपने जीवन को एक सार्थक दिशा दे सकें |

लेखक--- डॉ प्रीति अग्रवाल

आजादी की रात-- यह पुस्तक हमारे भारत के बारे में, हमारे इतिहास से जुड़ी घटनाओं से संबंधित हैं इस पुस्तक में हमारे संविधान की विस्तार से विवेचना की गई है|

लेखक-- डोमिनीक लापिएर लैरी कॉलिन्स

स्टूडेंट और प्रेम की समझ-- यह पुस्तक प्रेम के बारे में बताती है कि प्रेम क्या होता है, यह स्टूडेंट्स को ध्यान मे रखकर लिखी गयी है ताकि वह अपने जीवन में इस बाबत सही निर्णय ले सकें और घटनाओं, अनुभवों को सही परिप्रेक्ष्य मे देख सकें, यह स्टूडेंट्स के लिए बहुत अच्छी और जरूरी पुस्तक है जिससे वह अपनी असली जरूरतों और प्राथमिकताओं को समझ कर उचित एवं सही रास्ता चुन सकें तथा खुद की ऊर्जा और समय को जरूरी चीजों पर लगाकर अपने जीवन को अर्थ दे सकें|

लेखक--- डॉ विजय अग्रवाल

स्टूडेंट और टाइम मैनेजमेंट--- इस पुस्तक में टाइम मैनेजमेंट के बारे में बताया गया है, हम अपने जीवन मे कैसे टाइम को मैनेज करें, काम और पढ़ाई के साथ ताकि दक्षता आए और हम शांति से काम कर सकें|

लेखक--- डॉ विजय अग्रवाल

प्रिया कश्यप जी, समाज मे आपकी गहरी रुचि है और लोगों की मदद करने मे आपको एक अनोखी अनुभूति महसूस होती है, जो आपको और बेहतर करने को प्रेरित करती है|

कुछ किताबें मेरे व्यक्तिगत पुस्तकालय से-

सिनेमा जीवन की पाठशाला - जयप्रकाश चौकसे	**उत्कृष्टता** - आचार्य प्रशांत
मेरी फिल्मी आत्मकथा - बलराज साहनी	**भावनाएं** - आचार्य प्रशांत
आपका बंटी - मन्नू भण्डारी	**संबंध** - आचार्य प्रशांत
थोड़ा सा प्रगतिशील - ममता कालिया	**मसीहा** - खालील जिब्रान
खाकी मे इंसान - अशोक कुमार	**गुरुमुख सिंह की वसीयत** - सआदत हसन मंटो
अकेलापन और निर्भरता - आचार्य प्रशांत	**शिक्षा के सवाल** - महेश चन्द्र पुनेठा
अब पहुंची हो तुम - महेश चन्द्र पुनेठा	**Truth without Apology** - Acharya Prashant
परख - जैनेन्द्र कुमार	**Honest Always Stands Alone** - CG Somiah
त्यागपत्र - जैनेन्द्र कुमार	**Not Just a Civil servant** - Anil Swarup

और भी पुस्तकों के परिचय और लघु समीक्षा के लिए
निम्नलिखित वेबसाइट पर विजिट किया जा सकता है :

lovekushChetna.in
या kumarChetna.in

कालिंदी- शिवानी, 195 पृष्ठ (राधाकृष्ण प्रकाशन), सौजन्य- विशाल दा

सत्यजीत रे, फिल्म निर्माता एवं निर्देशक

एक से एक बेहतरीन फिल्में दे गए हमें एक विरासत के रूप में

कुछ बेहतरीन फिल्में

जयप्रकाश चौकसे जी की एक किताब है (BENTEN प्रकाशन),"**सिनेमा जीवन की पाठशाला**" जिससे ये बात साफ होती है कि सिनेमा जीवन सीखा सकता है, हमारी सोच और समझ को एक विस्तार दे सकता है, हमे एक करुण, साहसी, समावेशी और संवेदनशील इंसान बना सकता है।

सूची बेहतरीन गानों की भी हो सकती है लेकिन वो आप पर छोड़ता हूँ, वैसे आप डॉ विजय अग्रवाल सर की वेबसाइट https://afeias.com/life-management/ पर भी विजिट कर सकते हैं जिसमे मे वह तरह-तरह से जीवन, दुनिया और स्वयं पर समझ देकर जीवन को प्रबंधित करने के गुर सिखाते हैं, हिन्दी गाने और फिल्म भी उनमे से एक तरीका है।

तो आइए ले चलते हैं आपको फिल्मों की एक सूची की तरफ, जो आपको स्वयं, जीवन और दुनिया का मर्म दे सकती हैं :

कुछ बेहतरीन फिल्में

आवारा - 1951	अमर प्रेम - 1972	अर्ध सत्य - 1983
दो बीघा जमीन - 1953	अंकुर - 1974	मासूम - 1983
प्यासा - 1957	मंथन - 1976	मंडी - 1983
नया दौर - 1957	भूमिका - 1977	सारांश - 1984
कागज के फूल - 1959	अल्बर्ट पिंटों को गुस्सा क्यों आता है - 1980	जाने भी दो यारों - 1983
बंदिनी - 1963	चश्मे बद्दूर - 1981	पार्टी - 1984
गाइड - 1965	चक्र - 1981	इजाजत - 1987
आनंद - 1971	अर्थ - 1982	कथा - 1987
पाकीजा - 1972	अमर प्रेम - 1972	मिर्च मसाला - 1987
सलाम बाम्बे- 1988	It's a Wonderful Life - 1946	Stalker - 1979
एक डॉक्टर की मौत - 1990	Ikiru - 1952	Life Is Beautiful - 1997
तारे ज़मीन पर - 2007	Seven Samurai - 1954	12 Angry Men - 1957
मसान - 2015	The Shawshank Redemption - 1994	The Seventh Seal - 1957

कुछ चुनिन्दा फिल्मों की सूची

बाकी वेबसाइट पर अपडेट की जाती रहेंगी, फिल हाल chatgpt जैसे एआई स्रोत हैं जो आपको नेक कार्यों के लिए जरूर प्रयोग मे लाने होंगे, और वास्तविक जीवन मे सिनेमा का पारखी मिल जाए तो फिर क्या ही कहने, जैसे कि ऊपर चौकसे जी की किताब |

बहरहाल ....

lovekushChetna.in

या kumarChetna.in

कुछ बेहतरीन कविताएं

कविताएं जो आपको जरूर पढ़नी चाहिए:

- लहरों से डर कर नौका पार नहीं होती - सोहन लाल द्विवेदी
- नर हो, न निराश करो मन को - मैथिलीशरण गुप्त
- यह दीप अकेला - अज्ञेय
- नदी के द्वीप - अज्ञेय
- मोचीराम - धूमिल
- सोया हुआ आदमी - महेश चन्द्र पुनेठा
- अमर कहानी - महेश चन्द्र पुनेठा
- अब पहुंची हो तुम - महेश चन्द्र पुनेठा
- ग्रेफिटी - महेश चन्द्र पुनेठा
- मेरा रसोई - मेरा देश - महेश चन्द्र पुनेठा
- परीक्षा कक्ष के बाहर पड़े मोजे-जूते - महेश चन्द्र पुनेठा
- दासता से खतरनाक है - महेश चन्द्र पुनेठा
- छोटी सी नदी - महेश चन्द्र पुनेठा
- पिंक मतलब स्त्री नहीं होता - विकास रमेशानंदी
- जो बीत गई सो बात गई - हरिवंश राय बच्चन
- अग्निपथ - हरिवंश राय बच्चन
- मैं तूफ़ानों में चलने का आदी हूँ - गोपाल दास नीरज
- चल अकेला - कवि प्रदीप
- हार नहीं मानूँगा - अटल बिहारी बाजपेयी
- सच है, विपत्ति जब आती है - राष्ट्रकवि रामधारी सिंह 'दिनकर'

पुस्तकें
हमारी सच्ची
मित्र हैं।
शांत रहें
हिंदी
अंग्रेज़ी
विज्ञान
इतिहास
भूगोल
पुस्तकालय

उद्धरण - डॉ विजय अग्रवाल

एक संवेदनशील लेखक, चिंतक, बेहतरीन शिक्षक और सेवानिवृत्त आईएएस अधिकारी आदरणीय डॉ विजय अग्रवाल सर के प्रति आत्मीय आभार:

- हमारी जिंदगी की ज्यादातर समस्याएँ जिंदगी को न समझने की समस्या से पैदा हुई हैं।
- अपनी सलाह को आदेश और दबाव बनने से बचाएँ।
- हर फूल सुंदर होता है, यदि उसे ध्यान से देखा जाए।
- .वास्तुशास्त्री कहते हैं कि घर में टूटी-फूटी और अनुपयोगी वस्तुएँ न रखें।
- किसी को बुद्धिहीन कहकर उससे बुद्धिमत्ता की उम्मीद करना उचित नहीं।
- सोने की हथकड़ियाँ भी हथकड़ियाँ ही होती हैं।
- दुख को जानना ही दुख को जीतना है।
- जरूरी नहीं कि 'ट्विंकल ट्विंकल लिटिल स्टार' सुनाने वाला अंग्रेजी जानता हो।
- जब मैं करने लगता हूँ, तो होने लगता है।
- यदि हम जीतने के लिए खेलते हैं, तो खेलने का अर्थ समाप्त हो जाता है।
- कौन-सी ट्रेन पकड़ी है, इससे तय होता है कि कहाँ पहुँचेंगे।
- आपका भी सच है, मेरा भी सच है।
- दुख और अपेक्षा में अनुपातिक संबंध है।
- जीवन को बचाना धर्म है, उसे अपने ढंग से जीना अधिकार है।
- सही रोशनी में ही तस्वीर सही दिखती है।
- कहने से नहीं, स्वीकारने से परिवर्तन आता है।
- लिखावट नहीं, लिखा क्या गया है यह महत्वपूर्ण है।
- जीवन की विराटता के सामने सब कुछ तुच्छ है।

- जैसे ही कोई चीज मिलती है, खो जाती है।
- एक रुकी हुई जिंदगी दरअसल पीछे जाती हुई जिंदगी होती है।
- एक गुलाम व्यक्ति अपने मालिक से प्रेम कैसे कर सकता है।
- गलत रास्तों पर चलकर सही जगहों पर नहीं पहुँचा जा सकता।
- सच्चे मित्र की पहचान तब होती है जब स्वार्थ टकराते हैं।
- प्रकृति से निकटता और आध्यात्मिकता में समानुपातिक संबंध होता है।
- परिवर्तन में होने वाले दर्द के लिए तैयार रहना चाहिए।
- कहानी सच्ची भले न हो, उसमे सच्चाई जरूर होती है |

डॉ विजय अग्रवाल, पूर्व आईएएस, सामाजिक चिंतक और शिक्षक

उद्धरण - शिक्षा के सवाल

कुछ उद्धरण, "शिक्षा के सवाल" पुस्तक से साभार जो आदरणीय शिक्षाविद, विचारक, लेखक और कवि **महेश चन्द्र पुनेठा** जी द्वारा रचित है और लोकोदय प्रकाशन लखनऊ से प्रकाशित:

- शिक्षा के सवाल, जीवन के सवालों से भिन्न नहीं हैं |
- जीवन को सृजनशील बनाना हो या समाज को शांतिमय और सुंदर बनाना हो, हमे पहले शिक्षा के सवालों को हल करना पड़ेगा, क्योंकि जीवन, समाज और शिक्षा अन्योन्याश्रित हैं|
- जरूरी है कि शिक्षा में, सृजनशीलता के अवसर हों, लोकतान्त्रिक, धर्मनिरपेक्षता और वैज्ञानिक मूल्यों का मान हो, सामाजिक न्याय, समता, लैंगिक मसलों के प्रति संवेदनशीलता हो , प्रेम, दया, करुणा, सहयोग और परोपकार जैसे मूल्यों पर बात हो|
- शिक्षा पर होने वाली कोई भी बात तब तक पूरी नहीं मानी जा सकती है, जब तक शिक्षक की राय उसमे शामिल न हो|
- सृजनशीलता मानव की स्वाभाविक प्रकृति है|
- शिक्षा मे बदलाव या बदलाव के लिए शिक्षा? एक सवाल आप सबके लिए
- बच्चे स्वभावतः वैज्ञानिक अप्रोच लिए होते हैं यथा बच्चे जन्मजात, उत्सुक, जिज्ञासु और कल्पनाशील होते हैं |
- शिक्षा परीक्षोन्मुखी न होकर जीवनोन्मुखी हो|
- दुनिया छोटी छोटी सत्ताओं का एक संजाल है|(भयमुक्त वातावरण समय की जरूरत)
- रचनात्मकता के विकास के लिए कार्य करने की स्वतन्त्रता व अवसर की उपलब्धता तथा चुनौतियों का होना आवश्यक है
- दुनिया मे मृत्युदंड जैसे कानून भी आपराधिक गतिविधियों को रोक पाने मे असमर्थ सिद्ध हुये हैं| भय से किसी इंसान को अच्छा इंसान नहीं बनाया जा सकता है, कानून अपराधों को कम कर सकता है,

आपराधिक मानसिकता को खत्म नहीं कर सकता, हिटलर जैसी मानसिकता वाले कहाँ डरते हैं कानून से| आपराधिक प्रवृत्तियाँ गलत परिवेश का परिणाम हैं|

- शिक्षण का माध्यम, परिवेश की भाषा होनी चाहिए|

महेश चन्द्र पुनेठा

"दीवार पत्रिका एक अभियान" के प्रणेता, शिक्षाविद, लेखक और उम्दा कवि

उक्तियाँ - आचार्य प्रशांत

आचार्य जी का मेरे जीवन में आना, जीवन को एक विस्तार और मन को शांति देने वाला है, वही शांति, स्पष्टता और साहस आपके साथ बाँट रहा हूँ। कुछ झलकियाँ : (https://acharyaprashant.org/hi/prashantadvait-foundation)

- जीवन के प्रति गंभीर नहीं, ईमानदार रहिए|
- ज़िंदगी की सबसे बड़ी बर्बादी है, छोटी छोटी बातों मे फँस जाना|
- दुनिया आपसे बहुत कुछ छीन सकती है लेकिन आपकी चुनने की शक्ति नहीं|
- एक सवाल खुद से जरूर पूछों कि क्या आप अपनी चीजों के मालिक हो, या आपकी चीज़ें आपकी मालिक हैं|
- इंसान की सारी समस्याओं की जड़ है, उन चीजों को चाहना जिसकी उसे जरूरत ही नहीं है|
- जो तुम्हारे झूठे भरोसे को तोड़ दे, उससे ज्यादा कीमती कोई भी नहीं है तुम्हारे लिए|
- शरीर चीज ही कुछ ऐसी है, जो जल्दी खत्म हो जाएगी। इससे पहले कि वो खत्म हो, उसका सही इस्तेमाल कर लो।
- ये जो देह की सुंदरता का मूल्य है, यही स्त्रियों का बहुत बड़ा बंधन है। और जब तक स्त्री अपनी देह की सुंदरता के बंधन से आगे नहीं बढ़ेगी, तब तक वो संसार में अपनी हस्ती, अपना वजूद, अपनी ताकत स्थापित नहीं कर पाएगी।
- कोई सुविधा आज़ादी से बड़ी नहीं होती।
- पुराने रास्तों पर चलकर नई मंज़िलों तक कैसे पहुँच जाओगे?
- There is more to life than food and fear.
- If your thoughts and emotions are not your own, are your decisions your own?
- Nothing Changes you better and faster than the right

company

आचार्य प्रशांत, वेदांत शिक्षक एवं दार्शनिक

स्पष्टता और समझ के लिए उक्तियाँ

कुछ उक्तियाँ, जिनसे स्पष्टता मिलेगी : आपको किसी भी विषय पर उक्तियाँ चाहिए, एआई को निर्देश दें, ये एक बढ़िया इस्तेमाल होगा एआई का ;

"साहित्य हमें सोचने, समझने और प्रश्न करने की क्षमता देता है।"
— धूमिल

"साहित्य वह शक्ति है जो मनुष्य को भीतर से बदल देती है।"
— रवीन्द्रनाथ ठाकुर

"साहित्य मनुष्य को मनुष्य बनाता है।"
— रामधारी सिंह दिनकर

"शिक्षा का उद्देश्य केवल जानकारी देना नहीं, बल्कि मनुष्य के चरित्र का निर्माण करना है।"
— महात्मा गांधी

"ज्ञान में किया गया निवेश सबसे अधिक लाभ देता है।"
— बेंजामिन फ्रैंकलिन

"शिक्षा का अर्थ है मनुष्य में पहले से मौजूद पूर्णता का विकास।"
— स्वामी विवेकानंद

"शिक्षा का लक्ष्य बुद्धि को विकसित करना और उसे सही दिशा देना है।"
— अरस्तू (Aristotle)

"एक बच्चे, एक शिक्षक, एक किताब और एक कलम दुनिया बदल सकते हैं।"
— मलाला यूसुफ़ज़ई

"मनुष्य को शिक्षित करना केवल उसे पढ़ाना नहीं, बल्कि उसे सोचने की क्षमता देना है।"
— रवीन्द्रनाथ टैगोर

"शिक्षा स्वतंत्रता के द्वार खोलने की कुंजी है।"
— कोफी अन्नान

"यदि हमें सच्ची प्रगति चाहिए तो शिक्षा को समाज का सर्वोच्च स्थान देना होगा।"

— डॉ. भीमराव अम्बेडकर

"नवाचार तब जन्म लेता है जब जिज्ञासा और साहस साथ आते हैं।"

— अल्बर्ट आइंस्टीन

"जहाँ सवाल पूछने की स्वतंत्रता होती है, वहीं नवाचार का माहौल बनता है।"

— नील डेग्रास टायसन

"नवाचार का असली आधार खुला दिमाग और प्रयोग करने की संस्कृति है।"

— क्लेटन क्रिस्टेंसन

"छोटे-छोटे कार्य, जब प्रेम से किए जाते हैं, दुनिया को बदल सकते हैं।"

— मदर टेरेसा

"जो व्यक्ति दूसरों के जीवन को बेहतर बनाता है, उसका जीवन भी महान बन जाता है।"

— अब्राहम लिंकन

"भ्रष्टाचार वह दीमक है जो राष्ट्र की जड़ों को खोखला कर देती है।"

—लाल बहादुर शास्त्री

"भ्रष्टाचार केवल कानून से नहीं, बल्कि नैतिकता से समाप्त होता है।"

— ए. पी. जे. अब्दुल कलाम

"जब ईमानदार लोग चुप रहते हैं, तभी भ्रष्टाचार पनपता है।"

— एडमंड बर्क

"जहाँ प्रशंसा होती है, वहाँ उत्साह और रचनात्मकता जन्म लेते हैं।"

— जॉन रस्किन

"किसी के अच्छे कार्य की प्रशंसा करना स्वयं एक महान कार्य है।"

— महात्मा गांधी

"प्रशंसा मनुष्य के हृदय को खोल देती है।"

— अब्राहम लिंकन

"प्रशंसा वह धूप है, जिसमें प्रतिभा का फूल खिलता है।"

— चार्ल्स श्वाब

"मनुष्य को आलोचना से कम, सच्ची प्रशंसा से अधिक प्रेरणा मिलती है।"

— डेल कार्नेगी

"ज्ञान का सच्चा स्रोत अनुभव और निरंतर अध्ययन है।"

— अल्बर्ट आइंस्टीन

"जितना अधिक मैं पढ़ता हूँ, उतना अधिक मुझे पता चलता है कि मैं कितना कम जानता हूँ।"

— वोल्टेयर

"पढ़ना मस्तिष्क के लिए वैसा ही है जैसा व्यायाम शरीर के लिए।"

— जोसेफ एडिसन

"यदि आप लोगों का मूल्यांकन करने में लगे रहते हैं, तो उन्हें प्रेम करने का समय नहीं मिलेगा।"

— मदर टेरेसा

"दूसरों की भलाई के लिए किया गया छोटा-सा कार्य भी महान होता है।"

— हेलेन केलर

"किसी की मदद करना ही मानवता का सबसे सुंदर रूप है।"

— स्वामी विवेकानंद

"जहाँ प्रेम और करुणा होती है, वहाँ मानवता खिल उठती है।"

— गौतम बुद्ध

"मनुष्य का चरित्र इस बात से पहचाना जाता है कि वह अपनी जिम्मेदारियों को कैसे निभाता है।"

— स्वामी विवेकानन्द

"जिम्मेदारी स्वीकार करना ही आत्म-विकास की पहली सीढ़ी है।"

— ए. पी. जे. अब्दुल कलाम

"जब हम अपने कर्तव्यों के प्रति सजग होते हैं, तभी समाज मजबूत बनता है।"

— लाल बहादुर शास्त्री

"ज्ञान और जागरूकता मनुष्य को सही और गलत का अंतर समझाते हैं।"

— कन्फ्यूशियस

"जागरूकता ही वह शक्ति है जो व्यक्ति को अपने अधिकार और कर्तव्य दोनों का बोध कराती है।"

— ए. पी. जे. अब्दुल कलाम

"समाज की प्रगति जागरूक लोगों के हाथों में होती है।"

— मार्टिन लूथर किंग जूनियर

"वाणी मनुष्य के व्यक्तित्व का दर्पण होती है।"

— चाणक्य

"सम्मानपूर्ण सम्बोधन से ही सच्चे संबंध बनते हैं।"

— महात्मा गांधी

"ऐसी वाणी बोलिए, मन का आपा खोय;
औरन को शीतल करे, आपहुं शीतल होय।"

— कबीरदास

"वाणी का संयम ही मनुष्य की सबसे बड़ी सज्जनता है।"

— तुलसीदास

"कायरता से बड़ी कोई कमजोरी नहीं, और साहस से बड़ा कोई बल नहीं।"

— महात्मा गांधी

"विपत्ति के समय जो धैर्य और साहस रखता है, वही सच्चा वीर कहलाता है।"

— चाणक्य

"साहस ही मनुष्य को असंभव को संभव बनाने की शक्ति देता है।"

— ए. पी. जे. अब्दुल कलाम

"साहस का अर्थ है सत्य के लिए खड़े होना, चाहे आप अकेले ही क्यों न हों।"

— मार्टिन लूथर किंग जूनियर

"एकांत और सुकून सृजन के सबसे बड़े साथी हैं।"

— अज्ञेय

"जब मन शांत होता है, तभी विचारों में सृजन की शक्ति जागती है।"

— स्वामी विवेकानन्द

"एकांत के शांत क्षणों में ही मनुष्य अपने भीतर की सृजनशीलता को पहचानता है।"

— अल्बर्ट आइंस्टीन

"सृजन का स्रोत बाहरी शोर नहीं, बल्कि भीतर की शांति होती है।"

— ओशो

"मन की शांति कल्पना को पंख देती है और सृजन को जन्म देती है।"

— हरिवंश राय बच्चन

"सफलता का सबसे बड़ा रहस्य सहयोग और सामूहिक प्रयास में छिपा है।"

— हेनरी फोर्ड

"एकता और सहयोग से ही समाज और राष्ट्र मजबूत बनते हैं।"

— लाल बहादुर शास्त्री

"सहयोग ही मानवता की सच्ची शक्ति है।"

— विनोबा भावे

"टीमवर्क ही वह शक्ति है जो सामान्य लोगों को असाधारण परिणाम देने में सक्षम बनाती है।"

— एंड्र्यू कार्नेगी

"आलोचना को शत्रु नहीं, शिक्षक समझो।"

— डेल कार्नेगी

"आलोचना का उद्देश्य गिराना नहीं, बल्कि उठाना होना चाहिए।"

— विनोबा भावे

"जो लोग कुछ करते हैं, उनकी आलोचना अवश्य होती है।"

— अरस्तू

"वचन की कीमत शब्दों में नहीं, कर्मों में होती है।"

— विनोबा भावे

"सच्ची अभिव्यक्ति वही है जो हृदय से निकलकर हृदय तक पहुँचे।"

— महादेवी वर्मा

"कला मनुष्य की भावनाओं की सबसे सुंदर अभिव्यक्ति है।"

— लियो टॉलस्टॉय

"आभार उन सबका जो महान लोगों की उक्तियों के संकलन को अपना समय देते हैं|"

संत कबीर

इसी पुस्तक से

“एक बात तो साफ हो गयी कि "संवेदनशीलता इंसान को जिम्मेदार बनाती है", और सही भी है, जो इंसान वाकई अपना भला चाहता है वह अपने आस पास वालों का भी भला चाहेगा, उदाहरण के लिए यदि कोई हवा को प्रदूषित करता है तो वह प्रदूषित हवा एक दिन उसे भी प्रभावित करेगी। ऐसे ही यदि हम अपने कार्य से कोई गलत उदाहरण पेश करते हैं तो वह गलत उदाहरण आने वाले समय मे हमारे लिए भी दिक्कत बन सकता है।”

इसीलिए हर वह इंसान सम्मान के योग्य है जो अपना कार्य ज़िम्मेदारी और ईमानदारी से कर रहा हैभले ही आपको उससे कोई व्यक्तिगत फायदा न हो, इसकी परिणति ऐसे होती है कि सम्मान की चाह में अन्य लोग भी ज़िम्मेदारी से अपना काम करने को प्रेरित होते हैं।

“सम्मान पाने की भूख जितनी कम होगी, मन उतना शांत और तनावमुक्त होगा जिससे काम पर पूरा ध्यान लगेगा और उससे मिलने वाला आनंद आपको प्राप्त होगा।”

अभिव्यक्ति का माहौल तब ही बनता है जब हम सामने वाले इंसान की बातों को इत्मीनान से सुनें और बिना किसी पूर्वाग्रह के उसकी भावनाओं की कद्र करते हुये, उस इंसान पर बिना कोई लेबल लगाए, बात की जड़ मे जाकर उससे अपनेपन के साथ बात करते हैं।

“"अपने संसाधनो / धन / समय का एक हिस्सा परोपकार मे जरूर लगाएँ, आपकी आय कम हो या ज्यादा उसमे दूसरों के लिए कुछ कर पाने की गुंजाइश जरूर रखें, ये न हो कि पूरा

वक़्त तथाकथित अपनों के लिए चीजें और सुरक्षा खरीदने मे या उसकी तैयारी में लगा दिया, एक-एक दिन को सार्थक करें, जिसमे व्यायाम, अध्ययन, और जरूरतमन्द की मदद जरूर से शामिल हों, आप कितना भी वंचित महसूस कर लें, ऐसे लोग भी हैं जो आपसे भी ज्यादा वंचित हैं, उनके लिए कुछ काम करके, एक जरूरी उदाहरण बनें।""

"जब जीवन मे कोई उद्देश्य न दिखे तब एक काम किया जा सकता है, है, जरूरतमन्द लोगों की निस्वार्थ सेवा, उनमे सबसे ऊपर जिस बात को मैं रखता हूँ, वह है लोगों को शिक्षित करना, उन्हे लोगों की तकलीफों को लेकर संवेदित करना, उनकी समझ पर काम करना, उन्हे मेहनत, उत्कृष्टता और हुनर के लिए तैयार करना, उन तक बड़े बड़े लोगों की जीवनियाँ और प्रेरक प्रसंग पहुंचाना, उन तक उत्कृष्ट साहित्य पहुंचाना"

"*"जो इंसान अपनी समझ और आकांक्षाएं साझा नहीं करना चाहता वो समाज से अपनी सहूलियत की दिशा की अपेक्षा कैसे कर सकता है! बिना किसी पूर्वाग्रह के और बिना इस बात की चिंता किए कि लोग मेरे बारे में क्या सोचेंगे बेधड़क होकर अपनी बात रखिए और दूसरों को भी हिम्मत दीजिए, जो कुछ महसूस कर रहें उसे सामने व्यक्त करने का | आपका एक लाइन का इनपुट भी मायने रखता है।"*

#opinion_matters"

"एक उपाय बाहर के प्रभाव को न्यूट्रल करने का, वह है अपने घर मे अपनी क्षमता में एक पुस्तकालय का निर्माण करना जिसमे देश दुनिया का उत्कृष्ट साहित्य हो और हो जीवनियाँ दुनिया के महान लोगों की, जिन्होने आजादी और गरिमा के लिए जीवन भर संघर्ष किया, और दुनिया को एक बेहतर जगह बनाया, अपने जीवन मे उत्कृष्ट कार्य करके आनंद प्राप्त किया, ईमानदारी, बहादुरी और करुणा का जीवन जिया, ताकि बच्चों को जीवन के लिए सही आदर्श मिल सकें |"

प्रतिक्रिया

अंतस एक ऐसे युवा के सपनों, आशाओं, आकांक्षाओं, बेचैनियों और प्रयासों की ईमानदार अभिव्यक्ति है, जो समाज को बेहतर और सुंदर देखना चाहता है। एक ऐसी दुनिया, जहां हर व्यक्ति की गरिमा, सम्मान, स्वतंत्रता, समानता और न्याय का ध्यान रखा जाता हो। जहां प्रत्येक व्यक्ति में जिम्मेदारी और जवाबदेही का भाव हो, जहां प्रत्येक के पास सुकून के पल हों और सृजन के अवसर हों। जहां लोगों को केवल मीठा-मीठा सुनने की ही नहीं, बल्कि कड़वे को भी सहजता से स्वीकार करने की आदत हो। जहां सच बोलने का साहस हो, पड़ोसी की दिक्कत को अपनी दिक्कत समझा जाए और दूसरों की परवाह की जाए। जहां लोग मानने से पहले जानने की कोशिश करते हों, अर्थात् अंधानुकरण न करते हों। जहां पढ़ना-लिखना इस यात्रा का एक महत्वपूर्ण साधन हो।

यह किताब एक युवा द्वारा अब तक देखे, सुने और पढ़े अनुभवों, एहसासों और विचारों का एक कोलाज है, जो कहीं एक कविता तो कहीं एक लघुकथा, कहीं डायरी के पन्नों, कहीं एक लेख के रूप में अभिव्यक्त हुई है, तो कहीं सूक्तियों के रूप में संकलित हुई है।इस किताब को पढ़ते हुए पता चलता है कि एक सरोकारी युवा मन अपने आसपास की विसंगतियों और विडंबनाओं को देखते हुए किस तरह की प्रतिक्रिया व्यक्त करता है और उनसे निपटने के लिए किस तरह हस्तक्षेप करता है। यह देखकर अच्छा लगता है कि लेखक चुप नहीं बैठता, बल्कि अपने स्तर से जो संभव है, वह करने पर विश्वास करता है। लेखक पढ़ने-लिखने की आवश्यकता पर विशेष बल देते हैं। उनका मानना है कि पढ़ने-लिखने से संवेदना का विस्तार और आलोचनात्मक विवेक का विकास होता है। पढ़ने से आशय केवल पाठ्यक्रम और प्रतियोगी परीक्षाओं से जुड़ी किताबों तक सीमित नहीं है, बल्कि कविता, कहानी, उपन्यास जैसी साहित्यिक विधाओं की किताबों से भी है।

-महेश चन्द्र पुनेठा, शिक्षाविद, लेखक और कवि

"लेखक ने अपने अनुभवों और सामाजिक सरोकारों को बिना किसी दिखावे के लिखने का प्रयास किया है, और यह गुण कम लोगों में होता है।

-भुवन पन्त "इत्यादि", शिक्षक, लेखक और व्यंगकार"

आज की तेज़ रफ्तार ज़िंदगी में ठहरना लगभग भूल चुके हैं हम। ऐसे समय में "अंतस" एक ऐसी पुस्तक बनकर सामने आती है, जो न सिर्फ हमें रुकने के लिए कहती है साथ ही भीतर झांकने का साहस भी देती है। इस पुस्तक को पढ़ने से पहले मुझे लगा था कि यह एक सामान्य सेल्फ हेल्प किताब जैसी होगी लेकिन जैसे-जैसे मैं इसके पन्नों में आगे बढ़ता गया। यह अनुभव कहीं अधिक व्यक्तिगत और गहरा होता चला गया। लेखक ने रोज़मर्रा की साधारण लगने वाली घटनाओं के माध्यम से जीवन के बड़े सवालों को बेहद सहजता से उठाया है।

इस पुस्तक की एक और खासियत इसके छोटे-छोटे प्रसंग और उद्धरण हैं। जो कम शब्दों में गहरी बात कह जाते हैं। एक जगह लेखक एक चिड़िया का उदाहरण देते हैं जो जंगल में लगी आग को बुझाने के लिए अपनी चोंच में पानी भरकर लाती है। यह प्रसंग हमें सिखाता है कि छोटी-छोटी कोशिशें भी बड़े बदलाव का हिस्सा बन सकती हैं। सिर्फ दर्शक बनकर रहने से बेहतर है कुछ करना।

-विशाल चंद, शोधार्थी, समाज शास्त्र

"खुद को खुद के बारे में बेहतर तरीके से जानने मे मदद करने वाली और पाठकों को उनकी सामाजिक ज़िम्मेदारी को लेकर संवेदित करने वाली किताब|

-अरविन्द कुमार, वैज्ञानिक सेवा"

एक तरह से यह पुस्तक मन में उठते तूफान को शांत कर देती है, खुद के लिए अपराधबोध, समाज के लिए ईर्ष्या, खुद के ही आगे बढ़ने की

लालसा को ठहर कर सोचने को कहती है। आज जब जिंदगी बहुत तेजी से भाग रही है, आए दिन तरह-तरह की घटनाएं हमें सुनाई देती है, जब मानव सभ्यता को एक अलग दिशा में प्रवाहित किया जा रहा है, मनुष्य के लालच और भोग विलास को ही जीवन का उद्देश्य मान लिया गया है, ऐसे में लवकुश जी बहुत से उदाहरण देकर जीवन का उद्देश्य समझाते है।

जीवन के मूलभूत पहलुओं में यह किताब एक मनुष्य को स्पष्टता देती है कि अभी कुछ भी नहीं छूटा, एक तसल्ली देती है कि अभी कुछ भी नहीं बिगड़ा,अगर किसी कारण से पढ़ाई छूट गई या कुछ परिस्थिति बदल गई तो उसका विकल्प फिर से शुरू करना है न कि आत्मघाती कदम उठा लेना| मुझे स्वयं इसे पढ़ते हुए लग रहा था कि हां मुझे भी जरूरत थी इस तरह की पुस्तक की, जो आपको प्रेरित करें, लिखने को ,पढ़ने को अपने विचार खुल कर रखने को,अपनी असहमति दर्ज करने को और सामने वाले की बातों का सम्मान करने के लिए।

> “*"पुस्तक एक स्पष्ट दस्तावेज है जो जीवन की उधेड़बुन से आपको न सिर्फ निकालेगी बल्कि हौसला और साहस देगी।आसान और स्पष्ट भाषा में लिखी यह पुस्तक भटके राही के लिए पथ-प्रदर्शक, हताश व्यक्ति के लिए उम्मीद बनकर उभरती है।"*
>
> *-शीतल, छात्रा, मानविकी*”

यह किताब अपने आप में ही एक बेहतर किताब है इसको पढकर पाठक को एक बार यह जरुर एहसास होगा कि वह जीवन में कितनी गलतियों कर रहा है और उनको सुधार सकता है। इन गलतियों को सुधार कर अपना तथा दूसरों का भी भला कर सकता है।

-उर्मिला जायसवाल, छात्रा, मानविकी

बातें अभी बाकी हैं ....

www.ingramcontent.com/pod-product-compliance
Lightning Source LLC
LaVergne TN
LVHW100310210926
848480LV00003B/1084